保健体育 1〜3年　もくじ

JN085446

解答 p.1

確認のワーク　ステージ❶　**スポーツの多様性**

教科書の要点（　）に当てはまる語句を答えよう。

❶ スポーツの楽しさと必要性

(1)　運動やスポーツは，心身を鍛えるため，体力や健康を保持増進するためなどの
（①　　　　　　　）や，体を動かすと気持ちがよいなどの（②　　　　　　　）から生み出されてきた。

(2)　スポーツには，次のような楽しさがある。
◆記録に挑戦し，（③　　　　　　　）する。
◆自然に親しむ。
◆仲間と交流する。
◆感情を表現する。

●楽しさや必要性から見たスポーツ

相手に挑戦し，競争する。

技や記録に挑戦し，達成する。

交流したり，表現したりする。

自然に親しんだり，自然の厳しさに挑戦したりする。

体力を高める。

健康を維持する。

(3)　スポーツという言葉の語源は気晴らしという意味だったが，時代や社会の変化に伴い，捉え方も変化してきた。近代には，市民の娯楽や社交としてのスポーツ，また青少年の教育としての「（④　　　　　　　）」が確立した。
──現在では，世界選手権大会やオリンピック・パラリンピック競技大会に代表される。

(4)　現代では，誰もが（⑤　　　　　　　）にわたって楽しめる，気軽に取り組めるものとしてスポーツが捉えられるようになってきている。

(5)　国は，（⑥　　　　　　　）という法律を定めて，全ての国民が日常的にスポーツを楽しめるように支援を行っている。

スポーツに親しむことは，全ての人にとっての基本的な権利なんだよ。

おさえるポイント
・スポーツは，さまざまな必要性と楽しさから生み出されてきた。

② スポーツへの多様な関わり方

(1) スポーツは, (⑦　　　　　　　　　　) ことによって関わることができる。興味や体力, 年齢(ねんれい)などを考慮(こうりょ)して種目やプログラムなどを適切に選べば, 生涯(しょうがい)にわたってスポーツを楽しむことができる。

●スポーツカメラマン

(2) スポーツは, 競技場に行ったり, テレビなどのメディアを通したりして (⑧　　　　　　　　　　) ことによって関わることもできる。

(3) スポーツは, 仲間を補助したり, 記録をとったりするだけでなく, コーチとして, 会場の整備係や案内係としてなど, さまざまな方法で (⑨　　　　　　　　　) ことによっても関わることができる。

(4) スポーツは, 新聞や書物, インターネットなどで調べるなど, (⑩　　　　　　　　　　) ことによって関わることもできる。

おさえるポイント
・スポーツには, 行う, 見る, 支える, 知るなど, 多様な関わり方がある。

③ スポーツの多様な楽しみ方

(1) 体力を高め, 健康を維持するための運動の楽しみ方には, 体を動かすことの (⑪　　　　　　　　　) を楽しむ, 体の動きを高めることを楽しむなどがある。

(2) 相手と競うための運動の楽しみ方には, ルールやマナーを守って (⑫　　　　　　　　) に競う, 場に応じてルールを工夫(くふう)する, 健闘(けんとう)をたたえ合うなどがある。

(3) 自然と親しんだり, 仲間と交流したり, 感情を表現したりするときの楽しみ方には, 互(たが)いのよさや (⑬　　　　　　　) を認める, 自己やグループの力を高め合う, 自然の特徴を理解するなどがある。

(4) 生涯にわたる豊かな (⑭　　　　　　　) を送るためには, 目的や年齢, 性別などの違(ちが)いを超(こ)えてスポーツを楽しめることが大切である。

おさえるポイント
・生涯にわたって運動を楽しむためには, 自分に合った運動や楽しみ方を見つけ, 工夫することが大切である。

教科書チェック★ 考えてみよう 次のうち, 正しいものには○, 間違っているものには×をつけよう。

❶ (　　) スポーツには楽しさはあるが, 必要性はない。

❷ (　　) ボランティアとしてスポーツを支えている人はいるが, 職業としてスポーツを支えている人はいない。

❸ (　　) スポーツを継続(けいぞく)して行うためには, 一緒(いっしょ)に活動する仲間, 活動しやすい空間や時間をもつことが大切である。

定着のワーク ステージ2

スポーツの多様性

解答 p.1

/100

1 スポーツの楽しさと必要性 次の図は，いろいろなスポーツの楽しさや必要性を表したものである。（　）に当てはまる言葉を，下の〔　〕から選んで答えなさい。 4点×6(24点)

①（　　　）②（　　　）③（　　　）
④（　　　）⑤（　　　）⑥（　　　）

相手に(①)し，
競争する。

技や(②)に
挑戦し，
達成する。

交流したり，
(③)したりする。

(④)に親しんだり，
自然の厳しさに
挑戦したりする。

(⑤)を高める。

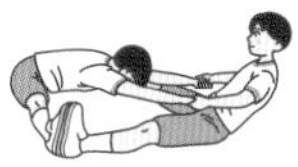

(⑥)を維持する。

〔 スポーツ　挑戦　観戦　自然　表現　学習　記録　体力　健康 〕

2 スポーツへの関わり方 次の図は，スポーツへの関わり方について表したものである。あとの問いに答えなさい。 4点×6(24点)

㋐

㋑

㋒

(1) ㋐〜㋒のうち，行うことでスポーツと関わっている様子はどれか。2つ選びなさい。
（　　）（　　）

(2) ㋐〜㋒のうち，見ることでスポーツと関わっている様子はどれか。（　　）

(3) ㋐〜㋒のうち，支えることでスポーツと関わっている様子はどれか。（　　）

よく出る (4) スポーツを支える関わり方にはどのようなものがあるか。図にかかれている方法以外に1つ答えなさい。（　　　）

(5) スポーツへの関わり方には，行うこと，見ること，支えることの他に何があるか。
（　　　）

保体メモ ❷学校の体育大会では，委員や係になって支えたり，選手になったり，応援したりするなど，さまざまな形でスポーツと関わっているね。他にどんな形でスポーツに関わりたいか，考えてみよう。

③ スポーツの楽しみ方 スポーツの楽しみ方について，次の問いに答えなさい。

3点×9（27点）

(1) 次の文の（ ）に当てはまる言葉を答えなさい。

① （ ） ② （ ） ③ （ ）

運動やスポーツを生涯にわたって楽しむためには，（ ① ）運動や，多様な（ ② ）を見つけ，（ ③ ）することが大切である。

(2) スポーツの楽しみ方は，目的に応じて多様にある。次の①～③の目的に合った楽しみ方を，それぞれ下のア～ケから全て選びなさい。

① 体力を高める，健康を維持する。 （ ）
② 相手と競う，競技に応じた力を試す。 （ ）
③ 自然と親しむ，仲間と交流する，感情を表現する。 （ ）

ア ルールやマナーを守り，フェアに競う。
イ 年齢や場に応じてルールを工夫する。
ウ 互いの違いやよさを認める。
エ 体を動かすことの心地よさを楽しむ。
オ 体の動きや体力を高めることを楽しむ。
カ 相手や仲間と健闘をたたえ合う。
キ 自己やグループの力を高め合う。
ク 体つくり運動など，いろいろな体の動かし方を体験する。
ケ 音楽やリズムに乗って，体で感情を表現する。

(3) 次の文の（ ）に当てはまる言葉を答えなさい。

① （ ） ② （ ） ③ （ ）

生涯にわたって継続してスポーツを行いやすくするためには，活動する（ ① ），（ ② ），（ ③ ）をもつといった，自分の周りの運動をするための環境を整えておくことも大切である。

④ 総合問題 次の文のうち，正しいものには○，間違っているものには×をつけなさい。

5点×5（25点）

① （ ） スポーツという言葉の語源には，修行や訓練という意味があった。
② （ ） スポーツの捉え方や行い方は，中世の頃から変わっていない。
③ （ ） 時代とともに，スポーツの道具や技術は変化してきている。
④ （ ） スポーツを「すること」「支えること」などと関連させながら「見ること」をすると，楽しみはさらに深まる。
⑤ （ ） 豊かなスポーツライフを送るためには，楽しさや必要性を感じて，意欲的に取り組むことや，スポーツを楽しむ能力を高めることが大切である。

保体メモ ③生涯にわたって継続的にスポーツを楽しむためには，行う人に合わせて工夫できるようになっておくことも求められているね。どんな工夫ができるか考えてみよう。

解答 p.1

確認のワーク ステージ❶ 生活習慣と健康

教科書の要点 （　）に当てはまる語句を答えよう。

❶ 健康の成り立ち

(1) 病気には，その人個人である（①　　　　　）の要因と，個人を取り巻く状態である（②　　　　　）の要因が関係している。
　　　疾病ともいう。

(2) 主体の要因には，（③　　　　　）(年齢，性，体質，抵抗力など)と，生活習慣や行動(食事，運動，休養，睡眠など)がある。

(3) 環境の要因には，物理・化学的環境の要因(温度や湿度など)，生物学的環境の要因(細菌やウイルスなど)，（④　　　　　）環境の要因(人間関係や保健・医療制度など)がある。

> 健康のためには，個人の努力と社会的な取り組みの両方が必要だという考え方を，ヘルスプロモーションというよ。

おさえるポイント ・病気には，主体の要因と環境の要因が関係している。

❷ 運動と健康

(1) 適度な運動は，体の各器官を発達させ，健康を保持増進させる。また，（⑤　　　　　）を図れるなど，精神的にもよい効果がある。

(2) 運動不足は，体力の低下だけでなく，肥満症や動脈硬化などの（⑥　　　　　）の原因となる。

(3) 健康を保持増進するためには，歩く，階段を上るなど，（⑦　　　　　）の中に運動を取り入れ，運動習慣を身に付けるとよい。

(4) 健康づくりのための運動は，安全であること，効果があること，楽しいことが必要である。個人の生活環境や（⑧　　　　　）などに応じた運動の種類，強さ，時間や頻度を決めるとよい。

● 運動の効果

緊張やストレスを和らげる。

骨の発達：骨密度が高くなる。骨が太く，長くなる。

肺の発達：肺活量が多くなる。1回の呼吸量が多くなる。

心臓の発達：拍出力が強くなる。拍出量が多くなる。

筋肉の発達：筋肉が太くなる。

毛細血管の発達

肥満の防止，生活習慣病の予防や治療，体力の維持・向上

> 中学生の時期に発達する筋力や持久力を高める運動をするといいよ。でも，スポーツ障害には注意が必要だよ。

おさえるポイント
・適度な運動は健康を保持増進させ，精神的にもよい効果がある。
・健康を保持増進するためには，運動習慣を身に付けることが重要である。

❸ 食生活と健康

(1) 生命の維持に最小限必要なエネルギーの消費量を（⑨　　　　　）という。これに生活活動や運動で消費するエネルギー量を合わせた量を，（⑩　　　　　）によって補給している。

● 1日のエネルギー摂取量の目安

年齢〔歳〕	男子〔kcal/日〕	女子〔kcal/日〕
12～14	2,600	2,400
15～17	2,800	2,300

(厚生労働省「日本人の食事摂取基準」2020年版)

(2) 近年では，運動不足や過食による（⑪　　　　　），過度のダイエットによる痩せが問題になっている。
—— 余ったエネルギーが脂肪として蓄積する。

(3) 健康な体をつくるためには，食事によって，エネルギーや食物に含まれるさまざまな（⑫　　　　　）をバランスよくとることが大切である。また，生活リズムを整え，規則正しい食生活を送ることも大切である。
たんぱく質，カルシウム，ビタミンなど。

おさえるポイント
・生命の維持に最小限必要なエネルギーの消費量を基礎代謝量という。
・健康を保持増進するためには，栄養素をバランスよくとることが重要である。

❹ 休養・睡眠と健康

(1) 長時間の学習，運動，作業などによる（⑬　　　　　）は，眠気，だるさ，目の乾き，不安などの心身の状態の変化として現れる。

(2) 疲労が蓄積すると，（⑭　　　　　）が低下し，感染症にかかりやすくなる。また，心身の健康を損なったり，集中力の低下から事故を招いたりすることがある。

● 疲労の現れ方

疲労の分類	主な症状
眠気感	眠い，あくびが出る，やる気が乏しい
不安定感	ゆううつな気分，いらいらする
不快感	頭が痛い，ぼんやりする
だるさ感	肩が凝る，腰が痛い，足がだるい
ぼやけ感	目が疲れる，目が乾く，目が痛い

(日本産業衛生学会産業疲労研究会の資料より)

(3) 心身の疲労を回復するなどのために必要な（⑮　　　　　）のとり方には，睡眠，休息，入浴，軽い運動，栄養補給などがある。（⑯　　　　　）は，1日の疲労を取り除くだけでなく，抵抗力を高めたり，精神を安定させたりする効果もある。

健康のためには，運動，食事，休養・睡眠の調和のとれた生活が必要なんだね。

おさえるポイント
・疲労が蓄積すると，健康障害につながることが少なくない。
・健康を保持増進するためには，休養・睡眠をとることが重要である。

教科書チェック★ 考えてみよう 次のうち，正しいものには○，間違っているものには×をつけよう。

❶（　　）運動には，気分転換を図る効果がある。
❷（　　）健康な体をつくるためには，朝食を抜くことが大切である。
❸（　　）快適な睡眠のためには，心身の状態や環境を整えて眠ることが大切である。

定 ステージ❷
着 のワーク

生活習慣と健康

解答 p.1

/100

❶ 健康の成り立ち 健康の成り立ちについて，次の問いに答えなさい。 4点×6(24点)

(1) 病気に関係する要因のうち，その人個人の要因を何というか。 （　　　　　　）

(2) (1)のうち，年齢，性，体質，抵抗力などを何というか。 （　　　　　　）

よく出る (3) 次の①，②に当てはまる要因を，〔　〕の**ア〜ク**からそれぞれ全て選びなさい。

① 生物学的環境の要因 （　　　　　　）

② 社会的環境の要因 （　　　　　　）

〔　**ア** 温度や湿度　　**イ** 人間関係　　**ウ** 細菌やウイルス　　**エ** 有害化学物質
　オ 動物や植物　　**カ** 労働条件　　**キ** 保健・医療制度　　**ク** 放射線　〕

(4) 次の文のうち，正しいものを2つ選びなさい。 （　　　）（　　　）

ア 0歳の人が平均して何歳まで生きるかを計算した値を，平均寿命という。

イ 日本ではかつて生活習慣を要因とする生活習慣病が死因の上位にあったが，近年では感染症が死因の上位を占めるようになっている。

ウ 健康の保持増進のためには，個人の努力と社会的な取り組みの両方が必要であるという考え方を，ヘルスプロモーションという。

❷ 運動と健康 運動と健康について，次の問いに答えなさい。 3点×8(24点)

(1) 次の文の（　）に当てはまる言葉を，下の〔　〕から選んで答えなさい。

①（　　　　　）　②（　　　　　）　③（　　　　　）
④（　　　　　）　⑤（　　　　　）

適度な運動によって，心臓の拍出量や肺の（①）が増加したり，骨や（②）が発達したりする。また，（③）の防止，（④）の予防や治療，（⑤）の維持・向上などにも効果がある。

〔　筋肉　　生活習慣病　　体力　　肺活量　　肥満　〕

記述 (2) 適度な運動は精神的にもよい効果がある。その例を1つ答えなさい。

（　　　　　　　　　　　　　　　　　　　　　　　　）

(3) 次の文のうち，正しいものを2つ選びなさい。 （　　　）（　　　）

ア 健康を保持増進するためには，個人の生活環境や年齢などに応じて，運動習慣を身に付けることが必要である。

イ 日常的に運動不足の傾向が見られる中学生はいない。

ウ 健康づくりのための運動は，安全であることと効果があることが必要だが，楽しいことは必要な条件ではない。

エ 中学生の時期は筋力や持久力が発達するので，これらを高める運動を行うとよい。

オ 健康を保持増進するためには，激しい運動を毎日長時間行う必要がある。

保体
メモ　❶環境の要因には，生物学的環境の要因，社会的環境の要因，物理・化学的環境の要因があるよ。主体と環境の両方をよい状態に保つことで，健康が成り立っているんだね。

③ 食生活と健康 食生活と健康について，次の問いに答えなさい。 3点×8(24点)

(1) 私たちの体が生命を維持するために最小限必要なエネルギーの消費量を何というか。

（　　　　　　　）

(2) 私たちが食物からとり入れる，たんぱく質やカルシウムなどのことを何というか。

（　　　　　　　）

(3) 次の場合，どのような障害が発生することがあるか。下の〔　〕の**ア〜オ**からそれぞれ選びなさい。

① たんぱく質の不足 （　　　）

② カルシウムの不足 （　　　）

③ 鉄やビタミンAの不足 （　　　）

④ ナトリウム(食塩)のとりすぎ （　　　）

⑤ 脂肪のとりすぎ （　　　）

> **ア** 骨や歯の発育不良　　**イ** 肥満・生活習慣病
> **ウ** 高血圧　　　　　　　**エ** 体力の低下，筋肉量の減少
> **オ** 疲れやすい，貧血，視力や抵抗力の低下，皮膚病

(4) 1本90kcalのバナナと1個210kcalのケーキを食べた。これらと同じエネルギーを歩行によって消費するとしたら，何分間歩けばよいか。ただし，1分間の歩行で消費されるエネルギー量は3kcalとする。

（　　　　　　　）

④ 休養・睡眠と健康 休養・睡眠と健康について，次の問いに答えなさい。 4点×7(28点)

(1) 次の文のうち，正しいものを2つ選びなさい。 （　　　）（　　　）

ア 疲労は，体の状態の変化として現れ，心の状態の変化として現れることはない。

イ 疲労の現れ方には個人差がない。

ウ 疲労が蓄積すると，抵抗力が低下して病気にかかりやすくなる。

エ 疲労が蓄積しても，心の健康を損なうことはない。

オ 疲労により集中力が低下し，重大な事故を招くことがある。

(2) 次の文の（　）に当てはまる言葉を答えなさい。また，④に当てはまる方法を1つ答えなさい。　　①（　　　　　）②（　　　　　）③（　　　　　）
④（　　　　　　　）

疲労を回復させるためには（　①　）をとることが必要である。（　①　）のとり方として最も効果的なのは（　②　）をとることである。（　②　）は，疲労を回復させるだけではなく，体の（　③　）を高めたり，精神を安定させたりする効果もある。
（　①　）のとり方には，（　②　）をとることの他に，（　④　）という方法もある。

(3) 心身の健康を保持増進するためには，個人の年齢や生活環境などに応じて，どのような生活を送り続けることが必要か。

（　　　　　　　　　　　　　　　　　　　　　　　　）

保体メモ ③(4)まず，補給したエネルギー量を計算してみよう。生活の中に運動を取り入れる工夫を考えてみよう。④中学生は心身が発育・発達する時期なので，大人以上に睡眠が必要だよ。

確認のワーク ステージ❶

解答 p.2

1　体の発育と発達

教科書の要点（　　　）に当てはまる語句を答えよう。

❶ 体の発育・発達

(1) 体の各器官の大きさや重さが増すことを
（①　　　　　　　　　）という。

(2) 体の各器官の働きが高まることを
（②　　　　　　　　　）という。

(3) 身長や体重が急に発育する時期を
（③　　　　　　　　　）といい，大人になるまでに2度ある。2度目は（④　　　　　　）の頃(小学校高学年から高校生の頃)で，一般に男子よりも女子のほうが早く来るが，時期や程度には個人差がある。

(4) （⑤　　　　　　　　　）や筋肉，心臓，肺などの器官の発育に伴い，身長や体重が急に発育する。また，筋力や持久力が高まり，呼吸器や循環器も発達する。

(5) 思春期には，（⑥　　　　　　　　　）(卵巣や精巣など)が急速に発育し，男女の体にそれぞれの特徴が現れたり，生殖機能の発達による排卵や射精が起こったりする。

(6) （⑦　　　　　　　　　）(脳や脊髄など)は，早くから発育していて，思春期には大人と同じくらいまで発育が進んでいる。

(7) 胸腺やへんとうなどの（⑧　　　　　　　　　）も早くから発育していて，思春期には大人以上になっている。

運動，食事，休養・睡眠などに気をつけながら健康的な生活をすることで，体をより発育・発達させることができるよ。

● 身長や体重の発育

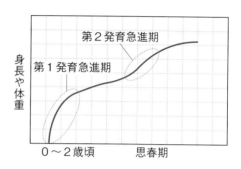

第2発育急進期
第1発育急進期
身長や体重
0〜2歳頃　　思春期

● 体の各器官

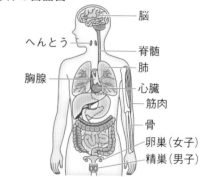

脳
へんとう
脊髄
肺
胸腺
心臓
筋肉
骨
卵巣(女子)
精巣(男子)

● 体の各器官の発育

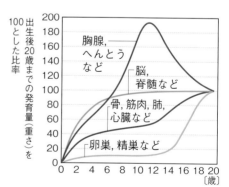

出生後20歳までの発育量(重さ)を100とした比率

胸腺，へんとうなど
脳，脊髄など
骨，筋肉，肺，心臓など
卵巣，精巣など

(Scammonによる)
現代の子どもの発育は，この図よりも早くなっている。

おさえるポイント
・各器官は年齢とともに発育・発達するが，その時期は器官によって差がある。
・各器官の発育・発達の時期や程度には，個人差がある。

② 呼吸器の発達

(1) 鼻（口），気管，気管支，肺などを（⑨　　　　　　　）という。肺にある肺胞（はいほう）と毛細血管の間で，酸素と二酸化炭素（こうかん）が交換される。

(2) 呼吸器の発達は，（⑩　　　　　　　）の減少や（⑪　　　　　　　）の増大からわかる。

—— 空気を最大限吸い込んだ後，吐き出せる空気の最大限の量。

これは，体の発育とともに，（⑫　　　　　　　）の数が増えたり肺全体が大きくなったりして，1回の呼吸量が増えるからである。

● 呼吸器の仕組み

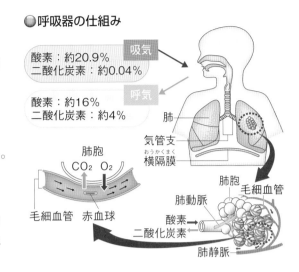

酸素：約20.9%
二酸化炭素：約0.04%　　吸気

酸素：約16%
二酸化炭素：約4%　　呼気

肺
気管支
横隔膜（おうかくまく）

肺胞
CO₂ O₂
毛細血管　赤血球

肺胞
毛細血管
肺動脈
酸素→
二酸化炭素→
肺静脈

おさえるポイント
・呼吸器が発育・発達すると，呼吸数が減少し，肺活量が増大する。

③ 循環器の発達

(1) 心臓，動脈，静脈，毛細血管などを（⑬　　　　　　　）という。

(2) 循環器の発達は，**脈拍数**（みゃくはく）の減少や（⑭　　　　　　　）の増大からわかる。

これは，体の発育とともに，（⑮　　　　　　　）が大きくなったり収縮する力が強くなったりするからである。

(3) 思春期に（⑯　　　　　　　）を継続的に行うことは，呼吸器や循環器の発育・発達につながる。この時期は，**持久力**を高めるのに最も適した時期といえる。

● 心臓と血液の循環

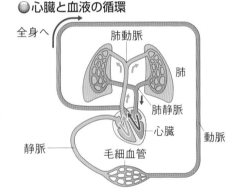

全身へ
肺動脈
肺
肺静脈
心臓
動脈
静脈
毛細血管

おさえるポイント
・循環器が発育・発達すると，脈拍数が減少し，拍出量が増大する。

教科書チェック★ 考えてみよう　次のうち，正しいものには○，間違っているものには×をつけよう。

❶（　　　）思春期になると，生殖器が急速に発育・発達する。

❷（　　　）思春期には多くの器官が発育・発達するため，食事をあまりとらず，適度な運動を行い，休養を十分にとることが大切である。

❸（　　　）呼吸器や循環器の発育・発達する時期や程度に，個人差はない。

❹（　　　）適度な運動をすることで，呼吸器や循環器の機能を高めることができる。

定着のワーク ステージ**2**

1　体の発育と発達

解答 p.2

/100

1 **体の発育と発達**　体の発育・発達について，次の問いに答えなさい。　5点×5(25点)

記述 (1) 発育と発達の違いについて，簡単に説明しなさい。

(　　　　　　　　　　　　　　　　　　　　　　　　　　　)

よく出る (2) 生まれてから大人になるまでにある，身長や体重が急に発育する時期を何というか。

(　　　　　　　　)

(3) (2)の時期は，生まれてから大人になるまでに何度あるか。　(　　　　　　　　)

(4) 次のうち，(2)の時期に当てはまるものを全て選びなさい。　(　　　　　　　　)

ア　0～2歳頃

イ　小学校低学年の頃

ウ　小学校高学年から高校生の頃

エ　20～25歳頃

(5) 2度目の(2)の時期について，次の文のうち，正しいものを全て選びなさい。

(　　　　　　　　)

ア　一般に，男子のほうが女子よりも早く来る。

イ　一般に，女子のほうが男子よりも早く来る。

ウ　時期や程度には個人差がある。

エ　時期や程度に個人差はない。

オ　思春期の時期に当たる。

2　**体の発育と発達**　右の図は，体の各器官の発育について表したものである。次の問いに答えなさい。　4点×6(24点)

(1) 胸腺やへんとうなど，病原体から体を守る働きをする器官を何というか。

(　　　　　　　　)

(2) (1)の発育を表しているグラフを，図の㋐～㋒から選びなさい。　(　　　)

(3) 卵巣や精巣などの器官を何というか。

(　　　　　　　　)

(4) (3)の発育を表しているグラフを，図の㋐～㋒から選びなさい。　(　　　)

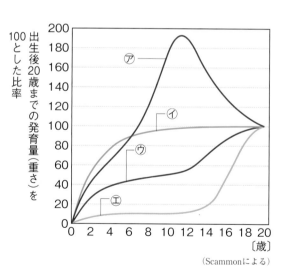

(Scammonによる)

(5) 脳や脊髄などの発育を表しているグラフを，図の㋐～㋒から選びなさい。　(　　　)

(6) 骨や筋肉，肺，心臓などの大部分の器官の発育を表しているグラフを，図の㋐～㋒から選びなさい。　(　　　)

保体メモ ❷体の全ての器官が同じように発育・発達するわけではないんだね。思春期には多くの器官が発育・発達するので，毎日の生活を健康的なものにすることが大切だよ。

❸ 呼吸器の発達 呼吸器の発達について，次の問いに答えなさい。 4点×7〔28点〕

(1) 次のうち，呼吸器ではないものを選びなさい。 （　　　）

　　ア 鼻　　イ のど　　ウ 気管　　エ 舌　　オ 肺

よく出る (2) 次の図は，呼吸数と肺活量の年齢による変化を表したものである。呼吸数の年齢による変化を表しているのは，㋐，㋑のどちらか。 （　　　）

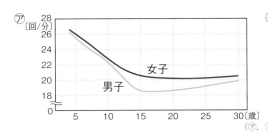 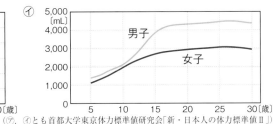

（㋐, ㋑とも首都大学東京体力標準値研究会「新・日本人の体力標準値Ⅱ」）

(3) 次の文の（　）に当てはまる言葉を答えなさい。

①（　　　　　　　）　②（　　　　　　　）　③（　　　　　　　）
④（　　　　　　　）　⑤（　　　　　　　）

　　肺に無数にある小さな袋を（ ① ）といい，その周りを（ ② ）が取り巻いている。空気中から取り入れた（ ③ ）と体内でできた（ ④ ）の交換は，（ ① ）と（ ② ）の間で行われる。呼吸器の発達に伴って呼吸数が(2)のようになるのは，（ ① ）が増えたり肺が大きくなったりすることで，1回の（ ⑤ ）が増えるからである。

❹ 循環器の発達 循環器の発達について，次の問いに答えなさい。 4点×5〔20点〕

(1) 循環器が発達すると，脈拍数はどうなるか。次のア～ウから選びなさい。 （　　　）

　　ア 増大する。　　イ 減少する。　　ウ 変化しない。

(2) 循環器が発達すると，拍出量はどうなるか。(1)のア～ウから選びなさい。 （　　　）

(3) 次の文の（　）に当てはまる言葉を答えなさい。

①（　　　　　　　）　②（　　　　　　　）　③（　　　　　　　）

　　（ ① ）や血管などを循環器という。（ ① ）のポンプ作用によって（ ② ）が全身を循環し，酸素や養分などを運ぶ。循環器の発達に伴って(1)，(2)のようになるのは，（ ① ）が大きくなったり（ ③ ）する力が強くなったりするからである。

❺ 呼吸器や循環器の発達 次の文のうち，正しいものを選びなさい。 (3点)

（　　　）

　　ア 持久力は呼吸器や循環器との関わりが深いので，思春期には持久力を高める運動を行わないほうがよい。

　　イ 思春期には，酸素や栄養を必要としなくなるので，呼吸器や循環器が急速に発達する。

　　ウ 思春期に適度な運動を継続的に行うことは，呼吸器や循環器の発達につながる。

保体メモ ❸(2)呼吸数と肺活量のうち，大人になるにつれて減少するものはどちらかな。
❺呼吸器や循環器の発育・発達のために，どのような運動が効果的か考えてみよう。

解答　p.3

確認のワーク　ステージ❶

2　生殖機能の成熟と性との向き合い方

教科書の要点　（　）に当てはまる語句を答えよう。

❶ 体の変化とホルモン

(1) 思春期になると，脳の（①　　　）から分泌される（②　　　）の刺激によって生殖器が発育・発達する。時期や程度には個人差がある。

(2) 女子では卵巣が発達して，
（③　　　）が成熟するようになり，
（④　　　）の分泌が活発になる。

(3) 男子では精巣が発達して，
（⑤　　　）がつくられるようになり，
（⑥　　　）の分泌が活発になる。

●体の変化が起こる仕組み

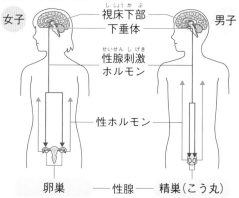

おさえるポイント
・思春期には，性腺刺激ホルモンによって，生殖器が発育・発達する。
・思春期には，女子は女性ホルモン，男子は男性ホルモンの分泌が活発になる。

❷ 生殖機能の成熟

(1) 卵巣の中で成熟した卵子は，周期的に卵巣の外に出される。これを（⑦　　　）という。

(2) 卵子が子宮に向かう途中で精子と合体（受精）すると，（⑧　　　）となる。

(3) 卵子と精子が受精しなかった場合，しばらくすると子宮内膜が剥がれて体外に出される。これを（⑨　　　）という。——初めて起こることを初経という。

(4) 精巣の中でつくられた精子は，精のうや前立腺から出る分泌液と混ざって（⑩　　　）となる。これが尿道を通って体外に放出されることを（⑪　　　）という。——初めて起こることを精通という。

●女子の生殖器

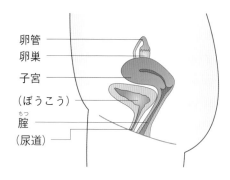

●男子の生殖器

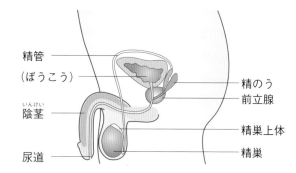

おさえるポイント
・思春期になると，女子は月経が，男子は射精が起こるようになる。

❸ 受精と妊娠

(1) 精子が腟から子宮を通って卵管に到達したとき，排卵された卵子も卵管に来ていると，(⑫　　　　　　　　) が起こることがある。

(2) 受精後，受精卵が細胞分裂を繰り返しながら子宮へ移動し，子宮内膜に潜り込むことを (⑬　　　　　　　　) という。このときから出産するまでの，女性の体内に胎児がいる状態を (⑭　　　　　　　　) という。

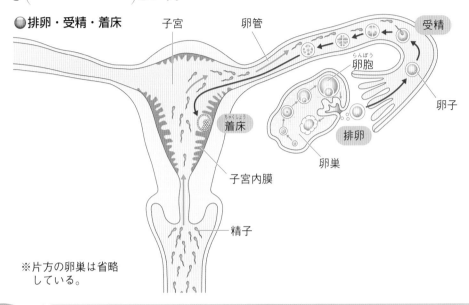

●排卵・受精・着床

子宮　卵管　受精　卵胞　卵子　排卵　卵巣　着床　子宮内膜　精子

※片方の卵巣は省略している。

おさえるポイント
・卵子と精子が受精すると，受精卵ができる。
・受精卵が子宮内膜に着床すると，妊娠が成立する。

❹ 性との向き合い方

(1) 思春期になると，身体機能の成熟に伴い，**性的欲求**が強くなり，相手の体に触れてみたいなどの (⑮　　　　　　　　) が生じるなど，友情とは違う感情が生じてくる。このような**性意識**には個人差があるので，一人一人心や体が違うことを理解し，お互いを尊重した関係を築いていくことが重要である。

(2) 身の回りにたくさんある**性情報**には，正しくない情報が含まれている。惑わされずに対処するには，たくさんの情報の中から (⑯　　　　　　　　) を選択し，適切に行動することが重要である。

おさえるポイント
・思春期には性意識に変化が生じるが，個人差がある。
・たくさんの性情報の中から正しい情報を選択し，適切な行動をとることが重要である。

教科書チェック★ 考えてみよう 次のうち，正しいものには○，間違っているものには×をつけよう。

❶ (　　) 思春期には，ホルモンの働きによって，男女の体つきに特徴的な変化が現れる。

❷ (　　) 射精や月経は，新しい生命をつくり出すことが可能になったことを意味する。

❸ (　　) 誤った性情報に惑わされても，犯罪に巻き込まれることはない。

定着のワーク ステージ❷

2　生殖機能の成熟と性との向き合い方①

解答 p.3

/100

❶ 思春期の体の変化　思春期の体の変化について，次の問いに答えなさい。　3点×8(24点)

よく出る (1)　次の文の（　）に当てはまる言葉を答えなさい。

①（　　　　　）　②（　　　　　）　③（　　　　　）

④（　　　　　）　⑤（　　　　　）　⑥（　　　　　）

　　思春期になると，脳の（ ① ）から（ ② ）が分泌されるようになり，女子では（ ③ ），男子では（ ④ ）が発達する。そして，女子では（ ③ ）の中で（ ⑤ ）が成熟し，男子では（ ④ ）の中で（ ⑥ ）がつくられるようになる。

(2)　思春期について，次の文のうち，正しいものを全て選びなさい。　（　　　　　）

　ア　女子では，女性ホルモンの分泌が活発になる。

　イ　女子では，男性ホルモンが分泌されなくなる。

　ウ　男子では，男性ホルモンの分泌が活発になる。

　エ　男子では，女性ホルモンが分泌されなくなる。

　オ　ホルモンの働きによって，男女の体つきに特徴的な変化が現れる。

(3)　思春期の体の変化が起こる時期には，個人差があるか。　（　　　　　）

❷ 女子の生殖機能の発達　右の図は，女子の生殖器の断面の様子を模式的に表したものである。次の問いに答えなさい。　3点×8(24点)

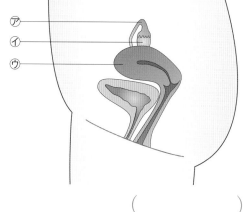

(1)　図の⑦〜⑦の部分をそれぞれ何というか。

⑦（　　　　　）

⑦（　　　　　）

⑦（　　　　　）

(2)　卵子が⑦の外に出されることを何というか。

（　　　　　）

(3)　(2)に合わせて，⑦では何が厚くなるか。　（　　　　　）

よく出る (4)　(2)の後，しばらくすると(3)は剝がれて体外に出される。この現象を何というか。

（　　　　　）

(5)　初めて(4)の現象が起こることを何というか。　（　　　　　）

(6)　生殖機能が成熟すると，(4)の現象はどのくらいの周期で繰り返されるようになるか。次のア〜オから選びなさい。　（　　　　　）

　ア　およそ2週間に1度　　イ　およそ4週間に1度

　ウ　およそ3か月に1度　　エ　およそ半年に1度

　オ　周期的に起こるものではない。

保体メモ　❶女性ホルモンや男性ホルモンには，いくつかの種類があるよ。❷(6)生殖機能が成熟するにつれて，安定してくるよ。

男子の生殖機能の発達 右の図は，男子の生殖器の断面の様子を模式的に示したものである。次の問いに答えなさい。 4点×8（32点）

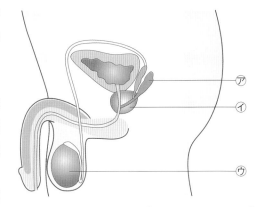

(1) 図の⑦〜⑦の部分をそれぞれ何というか。

⑦（ 　　　　　　　 ）

⑦（ 　　　　　　　 ）

⑦（ 　　　　　　　 ）

(2) ⑦や⑦から出る分泌液と精子が混ざったものを何というか。 （ 　　　　　　　 ）

 (3) (2)のものが尿道を通って体外に放出されることを何というか。 （ 　　　　　　　 ）

(4) 初めて(3)の現象が起こることを何というか。 （ 　　　　　　　 ）

(5) (2)はどのようなことによって起こるか。簡単に答えなさい。

（ 　　　　　　　　　　　　　　　　　　　　　　　 ）

(6) 生殖機能が成熟すると，(3)の現象はどのくらいの周期で繰り返されるようになるか。次のア〜オから選びなさい。 （ 　　 ）

ア およそ1週間に1度

イ およそ2週間に1度

ウ およそ1か月に1度

エ およそ3か月に1度

オ 周期的に起こるものではない。

④ **総合問題** 生殖機能の発達について，次の問いに答えなさい。 4点×5（20点）

(1) 次の文の（ ）に当てはまる言葉を答えなさい。

①（ 　　　　　　 ） ②（ 　　　　　　 ）

③（ 　　　　　　 ） ④（ 　　　　　　 ）

　　　卵子は（ ① ）を通って（ ② ）へと運ばれる。（ ① ）の途中で精子に出会い，

（ ③ ）をすると，（ ④ ）となる。

(2) 次の文のうち，正しいものを全て選びなさい。 （ 　　　　　 ）

ア 初めて月経が起こる時期に個人差はほとんどなく，思春期である13歳から14歳の間に必ず起こる。

イ 月経が起こるようになったということは，新しい生命をつくり出すための機能が成熟してきたことを意味している。

ウ 月経の周期に心の状態や食生活が関係することはない。

エ 初めて射精が起こる時期には個人差があるが，思春期の時期に起こることが多い。

オ 射精が起こるようになったことと，新しい生命をつくり出すための機能が成熟してきたことには関係がない。

保体メモ ❸思春期の男子の体の変化について，正しく知ろう。❹思春期の体の変化について思い悩んだら，保護者やスクールカウンセラーなど，信頼できる相手に相談してみよう。

定着のワーク　ステージ**2**

2　生殖機能の成熟と性との向き合い方②

解答 p.3

/100

1　**排卵・月経の仕組み**　次の図は，排卵や月経の仕組みを表したものである。あとの問い
に答えなさい。

4点×9(36点)

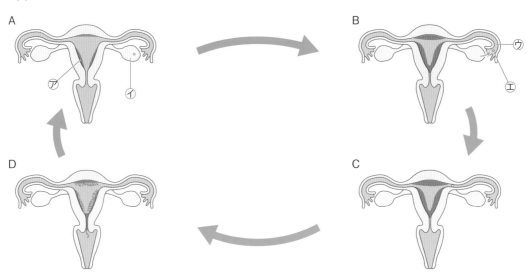

(1)　図の⑦が厚くなってくると，⑦から⑨が出される。⑦～⑨はそれぞれ何を表しているか。

⑦ (　　　　　　　　　)　⑦ (　　　　　　　　　)

⑦ (　　　　　　　　　)　⑨ (　　　　　　　　　)

(2)　図の**D**は月経の様子を表している。排卵の様子を表している図を，**A**～**C**から選びなさい。

(　　　　)

(3)　次の文は，それぞれ図の**A**～**D**のどれについて説明したものか。

①　⑨が子宮へと送られていく。　(　　　　)

②　⑦で卵胞が成熟し始め，⑦が厚くなり始める。　(　　　　)

③　⑦が剝がれて体外に出される。　(　　　　)

④　⑦が厚くなり，成熟した卵胞から⑨が出される。　(　　　　)

2　**精子と卵子**　精子と卵子について，次の問いに答えなさい。

4点×3(12点)

(1)　精子の長さはどのくらいか。次の**ア**～**エ**から選びなさい。　(　　　　)

ア　0.005～0.007mm　　**イ**　0.05～0.07mm

ウ　0.5～0.7mm　　　　**エ**　5～7mm

(2)　卵子の直径はどのくらいか。次の**ア**～**エ**から選びなさい。　(　　　　)

ア　0.001～0.002mm　　**イ**　0.01～0.02mm

ウ　0.1～0.2mm　　　　**エ**　1～2mm

記述 (3)　受精とはどのような現象か。簡単に説明しなさい。

(　　　　　　　　　　　　　　　　　　　　　　　　　　　　　)

保体メモ　**2**(1)(2)精子と卵子を比べると，どちらが大きいのだろうか。教科書などで調べてみよう。
(3)受精すると，受精卵になるよ。

排卵・受精 次の図について，あとの問いに答えなさい。 6点×4(24点)

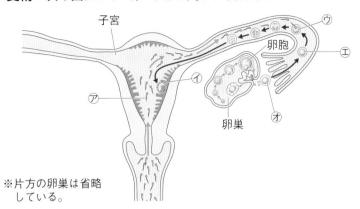

※片方の卵巣は省略している。

(1) 排卵された直後の卵子を表しているのは，⑦～⑦のどれか。 （　　　）

(2) ⑦で，受精卵はどこに潜り込んでいるか。 （　　　）

よく出る(3) 受精卵が(2)に潜り込むことを何というか。 （　　　）

(4) (3)が起こってから赤ちゃんが生まれるまでの状態を何というか。 （　　　）

4 **性との向き合い方** 性との向き合い方について，次の問いに答えなさい。 4点×7(28点)

(1) 次の文の（　）に当てはまる言葉を，下の〔　〕から選んで答えなさい。

①（　　　　　） ②（　　　　　） ③（　　　　　）
④（　　　　　） ⑤（　　　　　）

思春期になると，身体機能の成熟に伴って，（ ① ）に変化が現れる。（ ② ）が強くなり，「相手の体に触れたい」などの（ ③ ）が起こる。また，（ ④ ）への関心など，（ ⑤ ）とは異なる感情が生じるようになる。

〔 異性　　性意識　　性的欲求　　性衝動(しょうどう)　　友情 〕

(2) 性意識について，次の文のうち，正しいもの全てに○をつけなさい。

①（　　）性意識には個人差がないが，お互いを尊重した人間関係を築く必要がある。

②（　　）性意識には個人差があるので，自分だけの気持ちに任せて行動すると，相手を傷つけることがある。

③（　　）心や体は一人一人違うことを理解することが大切である。

(3) 性情報への対処について，次の文のうち，正しいもの全てに○をつけなさい。

①（　　）テレビやインターネットから得られた性情報の中には，正しくない情報も多く含まれている。

②（　　）友人や先輩など，身近な人から得られた性情報は，全て正しい情報である。

③（　　）性情報に適切に対処するためには，人の性的欲求を悪用して利益を得ようとする人たちがいることを知ることが大切である。

④（　　）インターネットなどを通じた被害(ひがい)にあわないために，個人情報を知らない人や不特定多数の人に明かさないようにすることが大切である。

保体メモ **4** (3)最近では，インターネットを通じた被害も多くなっているよ。被害にあわないためにどのような注意をすればよいか，考えてみよう。

確認のワーク ステージ❶

3　心の発達

教科書の要点（　　）に当てはまる語句を答えよう。

❶ 心の発達と大脳

(1)　心の働きは（① 　　　　）で営まれていて，知的機能，情意機能，社会性などの働きから成り立っている。

(2)　思春期は，大脳が急速に発達する。さまざまな（② 　　　　）や学習を積み重ねると，大脳に刺激が与えられ，心が豊かに発達する。
—— 脳の神経細胞のつながりが複雑になる。

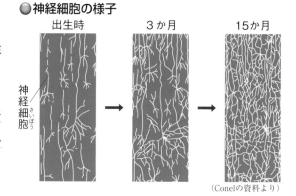

●神経細胞の様子

出生時　　3か月　　15か月

神経細胞

（Conelの資料より）

おさえるポイント
・思春期にさまざまな経験や学習を積み重ねると，大脳が刺激され，心が豊かに発達する。

❷ 知的機能・情意機能の発達

(1)　言葉を使う，記憶する，理解する，判断する，考えるなどの働きを（③ 　　　　）といい，さまざまな経験や学習を積み重ねることで発達する。

(2)　うれしい，悲しい，楽しい，腹立たしいなどの気持ちを（④ 　　　　）といい，さまざまな経験を通して複雑で豊かなものになる。

(3)　何かをしようとするときの気持ちを（⑤ 　　　　）といい，さまざまなことに進んで取り組み，達成感や感動体験などを積み重ねることで発達する。

(4)　感情や意思などを合わせて（⑥ 　　　　）という。

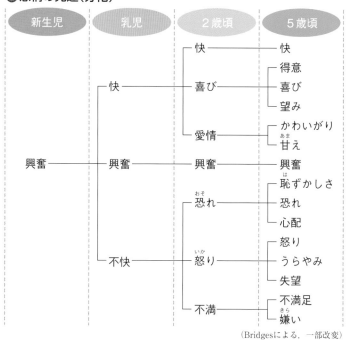

●感情の発達（分化）

（Bridgesによる，一部改変）

おさえるポイント
・言葉を使うなどの働きを知的機能，感情や意思などを情意機能という。
・知的機能や情意機能は，さまざまな経験や学習の積み重ねによって発達する。

❸ 社会性の発達

(1) 自主性，責任感，協調性などの，社会生活を送るために必要な態度や行動の方法を（⑦　　　　　　　）といい，生活の場や行動範囲，人間関係が広がる中で，さまざまな経験をすることで発達する。

●社会性
集団の中で協調して行動する。

自分の役割を果たす。

ルールやマナーを守る。

(2) 思春期になり，**社会性**が発達すると，それまで大人に保護され，依存していた状態から抜け出して，（⑧　　　　　　　）しようとする心が育ってくる。しかし，甘えたい気持ちとの間で揺れ動いたり，親や大人に口答えしたり，無視したりしてしまうこともある。

友達との付き合いでは，傷つけたり傷ついたりすることもあるね。

相手を尊重しながら，自分の気持ちを上手に伝える方法を身に付けることが大切なんだ。

おさえるポイント
・思春期には社会性が発達し，自立したいという気持ちが強くなる。

❹ 自己形成

(1) 思春期になると，自分を客観的に見つめるようになり，いろいろなことを考えたり悩んだりすることで，しだいに自分ならではの考え方や行動の方法がつくられていく。これを（⑨　　　　　　　）という。

他人から自分がどう思われているか，などが気になるようになるよね。

おさえるポイント
・自分なりの考え方や行動の方法がつくられていくことを，自己形成という。

教科書チェック★ 考えてみよう 次のうち，正しいものには○，間違っているものには×をつけよう。

❶（　　　）心の働きは心臓で営まれている。

❷（　　　）感情の基本は，20歳頃までにつくられる。

❸（　　　）人間関係をつくり，維持するためには，相手の気持ちを尊重しながら，自分の気持ちを上手に伝えることが大切である。

定着のワーク ステージ**2**

3 心の発達

解答 p.4

/100

① 心の発達 心の発達について，次の問いに答えなさい。 4点×13(52点)

(1) 心の働きは，どこで営まれているか。 （　　　　　　　　　）

記述 (2) どのようなことをすると，(1)の神経細胞どうしのつながりが複雑になり，心が豊かに発達するか。簡単に答えなさい。

（　　　　　　　　　　　　　　　　　　　　　　　　　　　　　　　）

よく出る (3) 次の文の（　）に当てはまる言葉を答えなさい。

① （　　　　　　　） ② （　　　　　　　） ③ （　　　　　　　）

　心は，言葉を使うなどの働きである（ ① ），感情や意思などの（ ② ），社会生活を送るために必要な態度や行動の方法である（ ③ ）などの働きが関わり合って成り立っている。

(4) 右の図は，感情の発達(分化)を表したものである。⑦〜⑦に当てはまるものを，〔　〕から選んで答えなさい。

　⑦ （　　　　　　　）
　⑦ （　　　　　　　）
　⑦ （　　　　　　　）
　⑦ （　　　　　　　）
　⑦ （　　　　　　　）

〔　心配　　得意　　興奮
　　不快　　愛情　　〕

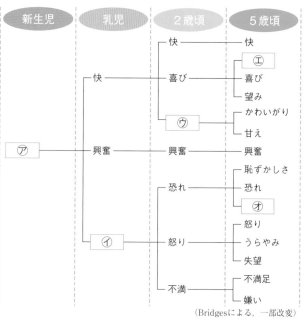

(Bridgesによる，一部改変)

(5) 次の文のうち，正しいものを2つ選びなさい。

（　　　）（　　　）

ア 感情の基本は，2歳頃までにつくられる。

イ 感情の基本は，5歳頃までにつくられる。

ウ 感情の基本は，思春期の頃までにつくられる。

エ 感情が豊かになることとさまざまな経験をすることには，関係がない。

オ 人間関係が深まっていくと，他人の感情を理解したり共感したりすることができるようになる。

カ 人間関係が深まっても，感情の表し方を適切に変えられるようにはならない。

記述 (6) 意思とはどのような気持ちのことか。簡単に説明しなさい。

（　　　　　　　　　　　　　　　　　　　　　　　　　　　　　　　）

保体メモ ❶(4)新生児の頃から比べると，5歳頃には感情が随分発達していることがわかるね。
(6)意思は，達成感や充実感などを積み重ねることで発達していくよ。

社会性の発達　社会性の発達について，次の問いに答えなさい。　　　　4点×6（24点）

記述 (1) 社会性が年齢とともに発達していくのはなぜか。簡単に説明しなさい。

（　　　　　　　　　　　　　　　　　　　　　　　　　　　　　　　　　）

(2) 次の文のうち，社会性の例として正しいものを全て選びなさい。　　（　　　　　　　）

　ア　多くの言葉を使う。

　イ　社会のルールやマナーを守る。

　ウ　相手を理解し，いたわりや感謝の気持ちを表現する。

　エ　目的のために行動しようという気持ちをもつ。

　オ　集団の中で協調して行動し，気を配りながら自分の意見を伝える。

　カ　楽しい，悲しいという気持ちをもつ。

　キ　自分の役割を果たす。

(3) 次の文のうち，正しいものを4つ選びなさい。

（　　　）（　　　）（　　　）（　　　）

　ア　思春期になると，自立したいという気持ちが強くなる。

　イ　思春期に，大人に対して口答えしたり無視したりすることがあるのは，自立したくない，甘えたいという気持ちの表れである。

　ウ　思春期には，何でも話せるような親友が欲しくなる。

　エ　自分と同じように感じる人がいることを知ると，安心できる。

　オ　自分と違う考え方を知ると，自分自身を見つめ直すことができる。

　カ　友達との付き合いでは，傷つけたり傷つけられたりすることはない。

　キ　周りの人との人間関係を維持するためには，相手の気持ちを考えず，自分の気持ちを上手に伝えることが大切である。

　ク　自分の気持ちを上手に伝えるためには，表情や身振りで伝えるのではなく，言葉で伝えるとよい。

❸　**自己形成**　自己形成について，次の文のうち，正しいものには○，間違っているものには×をつけなさい。　　　　4点×6（24点）

① （　　）思春期になると，他人と自分の違いや，自分が他人からどう見られているかなどをあまり意識しなくなる。

② （　　）思春期になると，自分自身を客観的に見つめるようになる。

③ （　　）自分なりの考え方や行動の方法がつくられていくことを，自己形成という。

④ （　　）自己形成は，さまざまな場面で悩み，考え，成功や失敗を繰り返しながら少しずつ進んでいく。

⑤ （　　）自己形成には長い時間をかける必要はなく，ほとんどの人は中学生の時期に終えることができる。

⑥ （　　）心の健康には，知的機能，情意機能，社会性などの心の働きと，自己形成が深く関係している。

保体メモ　❷友達と付き合い，楽しい経験や苦しい経験をすることで，人との付き合い方を学び，相手の気持ちがわかるようになってくるよ。上手に自分の気持ちを伝える方法を考えてみよう。

解答 p.4

確認のワーク ステージ❶

4　欲求不満やストレスへの対処

教科書の要点　（　）に当てはまる語句を答えよう。

1 心と体の関わり

(1)　大脳と体の諸器官は，神経や（①　　　　　　）を通して影響し合うため，心の状態が
体に現れることがある。
　　　　　　　 └ 自律神経　　　　　　　　　　　　└ 内分泌腺から出される。

●心と体の関わり

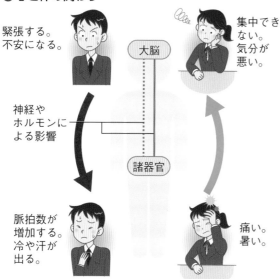

緊張する。
不安になる。

集中できない。気分が悪い。

神経やホルモンによる影響

大脳

諸器官

脈拍数が増加する。冷や汗が出る。

痛い。暑い。

心に問題が起こると，胃潰瘍などの病気になったり，食事量が増減したりすることがあるよ。

心と体が影響し合っていることを，心身相関というよ。

おさえるポイント
・心と体は，神経やホルモンを通して影響し合う。
・心の状態が体のさまざまな部分に現れることがある。

2 欲求の発達

(1)　何かをしたい，何かが欲しいなどの気持ちを（②　　　　　　）という。

(2)　欲求には，生命を維持するための（③　　　　　　）と，社会生活の中で発達する（④　　　　　　）がある。心身の発達に伴い，性的な欲求に目覚める，他人からよく思われたいなど，さまざまな欲求をもつようになってくる。

●欲求の種類

社会的欲求

自分自身についての欲求
成長の欲求

知りたい，他人より優れたい，自分の能力を発揮したい

人間関係についての欲求

集団に所属したい，認められたい，愛したい，愛されたい

生理的欲求

飲食，活動，休息・睡眠，生殖，安全の欲求

（Alderferによる，一部改変）

おさえるポイント
・思春期には，さまざまな欲求をもつようになる。

❸ 欲求不満への対処

(1) 私たちは，欲求が満たされないときに（⑤　　　　　　　）を感じ，いろいろな方法で対処する。

(2) 人に迷惑をかけない欲求であれば，（⑥　　　　　　　）に向けて努力するとよい。自分勝手な欲求や，実現の難しい欲求であれば，気持ちを切り替えたり，我慢したりする必要がある。

● 欲求不満が起こったときの行動

実現のために努力する。　　気持ちを切り替える。　　不適切な実現方法を選ばない。

おさえるポイント
・欲求が満たされないとき，欲求不満を感じる。
・欲求不満には，適切に対処することが必要である。

❹ ストレスへの対処

(1) 周囲からの刺激によって，心身に負担がかかった状態を（⑦　　　　　　　）という。適度なストレスは心身の発達に必要だが，ストレスが大きすぎたり，長く続いたりすると，心身に悪影響を及ぼすことがある。

ストレスの原因を，ストレッサーというよ。

(2) **ストレスへの対処**には，原因を考えて解決に向けて適切な対処方法を考えることや，上手な（⑧　　　　　　　）の方法を身に付けることなどが有効である。また，呼吸や筋肉を意識したリラクセーションを行うことも心身の負担を軽くする効果がある。

信頼できる人に相談してもいいね。

気持ちを切り替えること，規則正しい生活を送ることも大切だよ。

おさえるポイント
・ストレスは心身に悪影響を及ぼすことがあるため，適切に対処することが必要である。

教科書チェック★　考えてみよう 次のうち，正しいものには○，間違っているものには×をつけよう。

❶（　　　）欲求不満やストレスを感じているときに体調が悪くなるのは，心と体が密接につながっているからである。

❷（　　　）空腹を感じることは，社会的欲求に関係がある。

❸（　　　）適度なストレスは，心身の発達に必要である。

解答 p.4

定着のワーク ステージ2

4　欲求不満やストレスへの対処

/100

1 **心と体の関わり**　右の図は，心と体の関わりを模式的に表したものである。次の問いに答えなさい。

5点×4(20点)

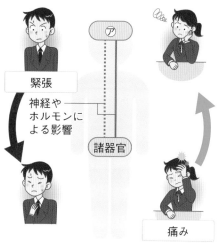

緊張

神経や
ホルモンに
よる影響

諸器官

痛み

(1)　㋐は何を示しているか。　（　　　　　）

(2)　緊張したときに起こる体の反応を，次の**ア〜エ**から選びなさい。　（　　）

　　ア　脈拍数が減少する。

　　イ　拍出量が減少する。

　　ウ　口が渇く。

　　エ　筋肉が緩む。

(3)　体に痛みがあるときに起こる㋐の反応を，次の**ア〜ウ**から選びなさい。　（　　　　　）

　　ア　集中できない。　　**イ**　気分が爽やかになる。　　**ウ**　悲しみの感情が生じる。

記述(4)　(2)や(3)のような反応が起こるのはなぜか。簡単に説明しなさい。

　（　　　　　　　　　　　　　　　　　　　　　　　　　　　　　　）

2 **さまざまな欲求**　さまざまな欲求について，次の問いに答えなさい。　3点×12(36点)

(1)　欲求のうち，飲食や睡眠などに関わるものを何というか。　（　　　　　）

(2)　(1)に対して，社会生活の中で発達していく欲求を何というか。　（　　　　　）

よく出る(3)　次の①〜⑥は欲求の例である。(1)の欲求に当てはまるものには**A**，(2)の欲求に当てはまるものには**B**と答えなさい。

　　①　休息したい　　　　（　　）　　②　愛し，愛されたい　　　（　　）

　　③　安全の欲求　　　　（　　）　　④　生殖の欲求　　　　　　（　　）

　　⑤　自分の能力を発揮したい（　　）　⑥　認められたい　　　　　（　　）

(4)　欲求が満たされず，不安やいらいらなどの不快な感情が起こっている状態を何というか。

　（　　　　　）

(5)　次の文のうち，(4)の対処法として適切と考えられるものを3つ選びなさい。

　　（　　）（　　）（　　）

　　ア　周囲の人や自分を攻撃する。

　　イ　気持ちを切り替えて，別のことで発散する。

　　ウ　うまくいかないことは他人のせいにする。

　　エ　今すぐに無理に実現しようとせず，じっと我慢する。

　　オ　欲求の実現のために努力する。

　　カ　現実から逃げ続ける。

保体メモ　**1**(2)緊張すると，胸がドキドキするね。(3)体の状態が心に影響を与えることもあるね。
2(1)生命を維持するための欲求だね。

❸ ストレスとその対処法 ストレスについて，次の問いに答えなさい。 4点×11（44点）

記述 (1) ストレスとはどのような状態のことをいうか。簡単に説明しなさい。

（ ）

(2) ストレスについて，次の文の（ ）に当てはまる言葉を答えなさい。

① （ ） ② （ ）

ストレスの影響は，（ ① ）の大きさとそれを受け止める人の（ ② ）によって異なる。

(3) ストレスについて，次の文のうち，正しいものを全て選びなさい。（ ）

ア 心身の発達によい影響を及ぼすような，適度なストレスはない。

イ ストレスが小さければ，その状態が長く続いても体に悪影響を及ぼすことはない。

ウ ストレスが起こったときのサインには，いらいらする，眠れない，集中できないなどがある。

エ ストレスは生命に深刻な影響を与えることがあるので，適切に対処することが必要である。

(4) ストレスへの対処法について，次の文の（ ）に当てはまる言葉を，下の〔 〕から選んで答えなさい。

① （ ） ② （ ） ③ （ ）
④ （ ） ⑤ （ ） ⑥ （ ）

◈ 原因を考えて，（ ① ）しようとする。
◈ 物事の見方を変えたり，（ ② ）の受け止め方を見直したりする。
◈ 体ほぐしの運動や（ ③ ）などで，心身をリラックスさせる。
◈ 信頼できる相手に（ ④ ）する。
◈ 上手な（ ⑤ ）の方法を身に付ける。
◈ 趣味の活動をするなど，（ ⑥ ）をする。

〔 解決 原因 相談 気分転換 コミュニケーション リラクセーション 〕

(5) ストレスへの対処法について，次の文のうち，正しいものを全て選びなさい。

（ ）

ア 運動，食事，休養・睡眠など，規則正しい生活を送るようにするとよい。

イ 身近に相談する相手がいないときは，自治体などに設けられている相談窓口に相談してもよい。

ウ リラクセーションの方法には，呼吸を意識した方法や，筋肉を意識した方法などがある。

エ ストレスは心身に悪影響を及ぼすので，ストレスを感じたときは他人に迷惑がかかる対処法を行ってもよい。

オ ストレスの原因はさまざまなので，自分や周囲の状況に応じた対処の方法をとることが必要である。

保体メモ ❸自分がどのような欲求やストレスを感じているのか冷静に分析し，実践している対処方法を書き出してみよう。

解答　p.5

確認のワーク **ステージ①**　スポーツの効果と学び方や安全な行い方

教科書の要点　(　)に当てはまる語句を答えよう。

①　スポーツの効果

(1)　スポーツを適切に行うことは，体の発育・発達，
(①　　　　　　　　　　)の維持・向上，運動技能の上達
に効果がある。
巧みさ，力強さ，粘り強さ
などからなる。

(2)　体力には，(②　　　　　　　　)に生活するための
体力と，(③　　　　　　　　)を行うための体力があ
る。

(3)　適切なスポーツを行い，食生活を改善することで，
(④　　　　　　　　)や**生活習慣病を予防する**効果も
期待できる。

(4)　スポーツを適切に行うことは，精神的な
(⑤　　　　　　　　)を解消したり，リラックスさせ
たりする効果がある。

(5)　スポーツを行うことで，達成感を得たり，自分の
能力に対する(⑥　　　　　　　)をもてたりするこ
とは，**心の健康や発達**につながる。

(6)　スポーツは公正・公平・平等が原則なので，公正さ，楽しさ，安全を保障し，共通の条
件下で競うことができるように，(⑦　　　　　　　)が定められている。

(7)　スポーツをより楽しく，安全に行うためには，相手を気遣う(⑧　　　　　　)も求め
られている。

(8)　スポーツを行うことは，年齢や性別などのさまざまな違いを超えて**ルールやマナー**につ
いての合意を形成することが求められ，コミュニケーション能力や適切な人間関係の形成
などの(⑨　　　　　　　)の発達に効果がある。

巧みさは脳や神経と，
力強さは筋肉や骨と，
粘り強さは呼吸器や循環器と
関係しているんだよ。

練習での努力，試合の緊張感，
勝負の喜びや悔しさなども心
の発達につながるんだね。

●スポーツで求められていること

言葉	意味
フェアプレイ	ルールを守り，相手を尊重し，よいプレイをすること。
チームワーク	チームの目的を達成するために，それぞれの人が役割を分担して協力すること。
スポーツマンシップ （スポーツパーソンシップ）	スポーツを行う人に求められる，ルールを守る，人に配慮する，他人を尊重するなどの態度や考え方。

おさえるポイント
・スポーツを行うことは，心身の発育や発達に効果がある。
・スポーツを行うことは，社会性の発達にも効果がある。

② スポーツの学び方

(1) パスやシュートなど，それぞれのスポーツの領域や種目の目的にかなった，合理的な体の動かし方を（⑩　　　　　　　）という。

(2) 合理的な練習によって技術が身に付いた状態を（⑪　　　　　　　）といい，個人の体力とも関わっている。

習得するためには，やみくもに練習するのではなくて，合理的な学び方を身に付けると効果的なんだって。

(3) どの場面でどの技術を使うのかを選択し，有利に運ぶためのプレイの方法を（⑫　　　　　　　）という。

(4) 対戦相手などの条件に応じてどの戦術を使うのかなど，試合を行う際の方針を（⑬　　　　　　　）という。

おさえるポイント
・スポーツの技術や戦術は，合理的な練習によって学ぶことができる。

③ スポーツの安全な行い方

(1) スポーツを安全に行うには，それぞれのスポーツの特性を理解し，目的に適したスポーツを選ぶことが大切である。そして，強さ，時間，（⑭　　　　　　　）を適切に決めてスポーツの計画を立てることが必要である。

過剰であれば，けがや体調不良の原因となる。不足すれば効果が小さい。

また，活動前，活動中，活動後にも安全への配慮が必要である。

●スポーツ活動の安全対策

活動前	自身の体調の確認，施設や用具の点検，準備運動など
活動中	こまめな水分補給・休憩，自分と仲間の安全の確認など
活動後	適切な休憩・水分補給，整理運動，施設や用具の整備など

(2) 野外でスポーツを行うことは，ときに生命の危険が伴う。そのため，**自然に関する**（⑮　　　　　　　）を身に付け，理解することが必要である。そして，気象情報を常に確認し，危険があるときは速やかに中止する必要がある。

おさえるポイント
・スポーツを安全に行うためには，自分に合った計画と配慮が必要である。
・野外でスポーツを安全に行うためには，自然に関する知識が必要である。

教科書チェック★ 考えてみよう 次のうち，正しいものには○，間違っているものには×をつけよう。

❶（　　）スポーツを行うことで，体だけでなく，心の健康にもよい効果がある。

❷（　　）スポーツを行うことで高まった社会性は，日常生活の場では役立たない。

❸（　　）技術の習得には，合理的な計画を立てて練習し，練習の成果を確かめ，成果に応じて計画を修正するということを繰り返すとよい。

❹（　　）水分の補給は，活動中ではなく，活動後に行うとよい。

❺（　　）野外でのスポーツでは，天候の情報だけを確認しておけば安全である。

定着のワーク ステージ2 スポーツの効果と学び方や安全な行い方

解答 p.5

/100

❶ スポーツが心身に及ぼす効果 スポーツが心身に及ぼす効果について，次の問いに答えなさい。 3点×14（42点）

(1) スポーツの効果について，次の文の（ ）に当てはまる言葉を答えなさい。

①（　　　） ②（　　　） ③（　　　）
④（　　　） ⑤（　　　） ⑥（　　　）

　スポーツを行うことは，体の発育・（ ① ），体力や（ ② ）の維持・向上に効果がある。体力には，健康に（ ③ ）するための体力と（ ④ ）を行うための体力がある。
　また，スポーツを行い，技術が身に付いたり，目標に到達できたりすると，（ ⑤ ）を得ることができる。そして，（ ⑤ ）が積み重なることで，自己の能力に対して（ ⑥ ）がもてるようになる。

(2) 体力は，巧みさ，力強さ，粘り強さなどからなる。それぞれに関係している器官を，次のア〜カから2つずつ選びなさい。

①巧みさ （　）（　）
②力強さ （　）（　）
③粘り強さ （　）（　）

ア 呼吸器　イ 筋肉　ウ 循環器　エ 神経　オ 脳　カ 骨

(3) 適度なスポーツを行い，食生活を改善することで，何の予防効果が期待できるか。
（　　　　　　　　　）

(4) スポーツを行うことで，心にどのような効果があるか。(1)にあること以外に1つ答えなさい。 （　　　　　　　　　）

❷ スポーツと社会性 次の文はそれぞれ何について説明したものか。下の〔 〕から選びなさい。 2点×5（10点）

(1) 公正さ，楽しさ，安全を保障し，共通の条件で競うことができるように定めたもの。
（　　　　　　　）

(2) スポーツをより楽しく，安全に行うために求められる，お互いが相手を気遣うもの。
（　　　　　　　）

(3) きまりを守り，相手を尊重し，よいプレイをすること。 （　　　　　　　）

(4) チームの目的を達成するために，それぞれが役割を分担して協力し，最善を尽くすこと。
（　　　　　　　）

(5) スポーツを行う人に求められる，人に配慮する，他人を尊重するなどの態度や考え方。
（　　　　　　　）

〔 フェアプレイ　マナー　チームワーク　ルール　スポーツマンシップ 〕

保体メモ ❶スポーツを行うことで心身にどのような効果があったか，思い出してみよう。また，他の人はどのような効果を感じているか，聞いてみよう。

よく出る **❸** **スポーツの学び方** スポーツの学び方について，次の問いに答えなさい。 3点×5(15点)

(1) それぞれのスポーツの領域や種目に応じた合理的な体の動かし方を何というか。
(　　　　　　　　)

(2) 合理的な練習によって，(1)を身に付けた状態を何というか。 (　　　　　　　　)

(3) 試合中に(1)を選択し，それによって相手との競い合いを有利に運ぶための方針を何というか。
(　　　　　　　　)

(4) 対戦相手などによって，試合を行う際にどの(3)を選択するかなどの方針を何というか。
(　　　　　　　　)

(5) 次の文のうち，正しいものを選びなさい。 (　　　)
　ア　(1)を習得するためには，その部分だけを重点的に練習した後，段階的に実際の動きに近づくように練習するとよい。
　イ　(3)や(4)を習得するためには，連携プレイの練習は必要ない。
　ウ　ダンスでは，イメージを捉え，腕だけでリズムに乗ることが大切である。

❹ **スポーツの安全な行い方** スポーツの安全な行い方について，次の問いに答えなさい。

3点×11(33点)

(1) 安全にスポーツを行うためには，3つの条件を適切に決めて計画を立てる必要がある。この3つの条件とは何か。 (　　　　　)(　　　　　)(　　　　　)

(2) 次の表は，スポーツの安全対策を表したものである。(　)に当てはまる言葉を答えなさい。 ①(　　　　　) ②(　　　　　) ③(　　　　　)
④(　　　　　) ⑤(　　　　　)

活動前	自身の(①)の確認，施設や用具の点検，(②)運動など
活動中	こまめな(③)・休憩，自分と仲間の体調や(④)の確認など
活動後	適切な休憩・(③)，(⑤)運動，施設や用具の整備など

記述 (3) 次の図は，それぞれ山，川，海での野外スポーツを表したものである。それぞれの場所で安全に野外スポーツを楽しむためには，何に気をつけるか。1つずつ答えなさい。

① (　　　　　　　　　　　　　　　　　　　)
② (　　　　　　　　　　　　　　　　　　　)
③ (　　　　　　　　　　　　　　　　　　　)

保体メモ ❹スポーツを安全に行うためには，何に注意する必要があるか考えよう。きまりやマナーを守ることも重要だよ。

解答 p.6

確認のワーク ステージ① 1 生活習慣病やがんとその予防

教科書の要点 ( )に当てはまる語句を答えよう。

1 生活習慣病

(1) 生活習慣がその発症や進行に関係する病気を
（①　　　　　　　　　）という。日本人の死因の多くを占
める，（②　　　　　　　　　），心臓病，脳卒中などの
多くは，生活習慣と深い関係がある。

(2) 動物性脂肪のとりすぎや運動不足などによって，
血管の壁にコレステロールなどの脂肪がたまり，血
管が硬くもろくなった状態を（③　　　　　　　　　）と
いう。

(3) 塩分のとりすぎやストレスなどによって，動脈に
かかる圧力が異常に高くなった状態を
（④　　　　　　　　　）という。

(4) 動脈硬化や高血圧は，（⑤　　　　　）(狭心
症や心筋梗塞など)や（⑥　　　　　）(脳梗塞や
脳出血など)を引き起こすもとになる。

(5) エネルギーのとりすぎや運動不足，肥満などによ
って，血液に含まれるブドウ糖の量が異常に多くな
る病気を（⑦　　　　　　　）という。血管に負担が
かかり，心臓病や脳卒中だけでなく，腎臓や血管，
神経の障害など，さまざまな病気を引き起こすもと
になる。

(6) 口腔内の不衛生，砂糖のとりすぎ，喫煙などは（⑧　　　　　　　　　）につながる。砂糖の
とりすぎや口腔内の不衛生によって歯垢が形成されると，むし歯の原因となるとともに歯
肉の炎症を引き起こし，進行すると歯を失うことにつながる。

●日本人の死因

その他 34.5%
がん 27.4%
全国合計 1,362,470人 (2018年)
心臓病 15.3%
脳卒中 7.9%
老衰 8.0%
肺炎 6.9%

（厚生労働省「人口動態統計」）

●動脈硬化

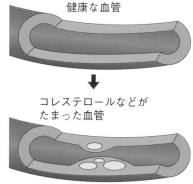

健康な血管

↓

コレステロールなどが
たまった血管

●歯周病

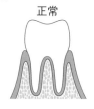

正常

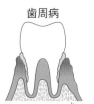

歯肉炎　歯周病
歯垢

歯肉が赤く腫れ，
出血することがある。

歯を支える骨が溶け，
歯がぐらつく。

おさえるポイント ・生活習慣が発症や進行に関係する病気を，生活習慣病という。

② 生活習慣病の予防

(1) 生活習慣病は，発病そのものの（⑨　　　　　　　　）が重要である。健康的な生活習慣を身に付けて継続すること，定期的に検査を受けて（⑩　　　　　　　　）・早期治療をすることなどが大切である。また，社会の取り組みも求められている。

● 社会の取り組みの例

健康情報の提供

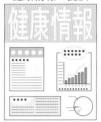

健康づくり活動

健康診断・健康指導

おさえるポイント
・生活習慣病の予防には，個人の取り組みと社会の取り組みが必要である。

③ がんとその予防

(1) 正常な細胞の遺伝子が傷ついて変化し，無秩序に増殖して器官の働きを壊してしまう病気を（⑪　　　　　　　　）という。

(2) がんの主な原因は，（⑫　　　　　　　　）(喫煙，飲酒，食生活の乱れ，運動不足など)や細菌・ウイルスである。また，長生きも要因の１つである。

(3) がんの危険性を減らすためには，（⑬　　　　　　　　），節酒，食生活の見直し，身体活動などを行うとよい。また，細菌やウイルスの検査で感染が確認されれば，除菌などの対処をすることができる。

(4) がんの予防や進行の防止には，（⑭　　　　　　　　）の受診によって早期発見することが有効である。現在では，**早期発見・早期治療**により，回復したり進行を食い止めたりできるようになってきている。

● がんのできる仕組み

正常な細胞

異常な細胞ができる。

異常な細胞ががん化する。

がん細胞が増殖する。

おさえるポイント
・がんの予防や進行の防止には，適切な生活習慣を身に付けることやがん検診による早期発見が重要である。

教科書チェック★ 考えてみよう 次のうち，正しいものには○，間違っているものには×をつけよう。

❶（　　　）日本人の死因の上位を占める病気には，生活習慣が関係しているものが多い。

❷（　　　）生活習慣病は大人の病気であり，中学生には無関係である。

❸（　　　）適切な生活習慣を身に付けることは，がんの予防に効果的である。

定 著のワーク ステージ**2**

解答 p.6

/100

1 生活習慣病やがんとその予防

❶ **生活習慣病** 生活習慣病について，次の問いに答えなさい。 3点×10(30点)

よく出る (1) 日本人の死因の上位を占める生活習慣病を，3つ答えなさい。
（　　　　　）（　　　　　）（　　　　　）

記述 (2) 生活習慣病とはどのような病気か。簡単に説明しなさい。
（

(3) 次の文の（　）に当てはまる言葉を，下の〔　〕から選んで答えなさい。
①（　　　　　）　②（　　　　　）　③（　　　　　）
④（　　　　　）　⑤（　　　　　）　⑥（　　　　　）

歯磨きの不徹底により，口腔内が不衛生になると，（ ① ）が形成されやすくなる。
（ ① ）は（ ② ）の原因になるとともに，（ ③ ）を引き起こす。（ ③ ）の状態に
なると，歯と歯肉の間に（ ④ ）ができ，血やうみが出ることもある。さらに進行す
ると（ ⑤ ）を引き起こす。（ ⑤ ）の状態になると，歯を支えている（ ⑥ ）が溶
けて，歯がぐらつくようになり，歯が抜けることもある。

〔 歯垢　　隙間(すきま)　　歯周病　　骨　　歯肉炎　　むし歯 〕

❷ **生活習慣病** 次の文に関係が深い病気を，下の〔　〕からそれぞれ選んで答えなさい。

2点×10(20点)

(1) 動物性脂肪のとりすぎや運動不足などによって，血管の壁にコレステロールなどの脂肪
がたまり，血管が硬くもろくなった状態。 （　　　　　）

(2) 塩分のとりすぎやストレスなどによって，動脈にかかる圧力が異常に高くなっている状
態。 （　　　　　）

(3) 血液中の脂肪が異常に増える。 （　　　　　）

(4) エネルギーのとりすぎや運動不足などによって，血液に含まれるブドウ糖の量が異常に
多くなる。 （　　　　　）

(5) 心臓の筋肉に血液を送る血管が狭(せま)くなる。 （　　　　　）

(6) 心臓の筋肉に血液を送る血管が詰(つ)まる。 （　　　　　）

(7) (5)や(6)などの総称。 （　　　　　）

(8) 脳に血液を送る血管が詰まる。 （　　　　　）

(9) 脳に血液を送る血管が破れる。 （　　　　　）

(10) (8)や(9)などの総称。 （　　　　　）

〔 COPD(慢性閉塞性肺疾患(まんせいへいそくせいはいしっかん))　狭心症　高血圧　脂質異常症(ししついじょうしょう)
脳卒中　心筋梗塞　がん　心臓病　糖尿病(とうにょうびょう)　動脈硬化
メタボリックシンドローム　脳梗塞　脳出血 〕

保体メモ ❶生活習慣は子どもの頃に身に付き，一度身に付いた生活習慣はなかなか変えることが難しいよ。
不適切な生活習慣がどのような病気につながるか，知っておこう。

❸ **生活習慣病の予防** 生活習慣病の予防について，次の問いに答えなさい。 4点×8（32点）

記述 (1) 生活習慣病の予防に効果的な生活習慣には，どのようなものがあるか。1つ答えなさい。

（ 　　　　　　　　　　　　　　　　　　　　　　　 ）

(2) 生活習慣病の予防について，次の文の（ ）に当てはまる言葉を答えなさい。

①（ 　　　　　　　 ） ②（ 　　　　　　　　 ） ③（ 　　　　　　 ）

　　生活習慣病の多くは，初期には自覚症状が（ ① ）。そのため，定期的に（ ② ）を受けて（ ③ ）をすることが大切である。

(3) 次の図は，生活習慣病の予防のために行われている社会的取り組みを表したものである。それぞれどのような取り組みを表しているか。（ ）に当てはまる言葉を答えなさい。

①（ 　　　　　　 ） ②（ 　　　　　　 ） ③（ 　　　　　 ）

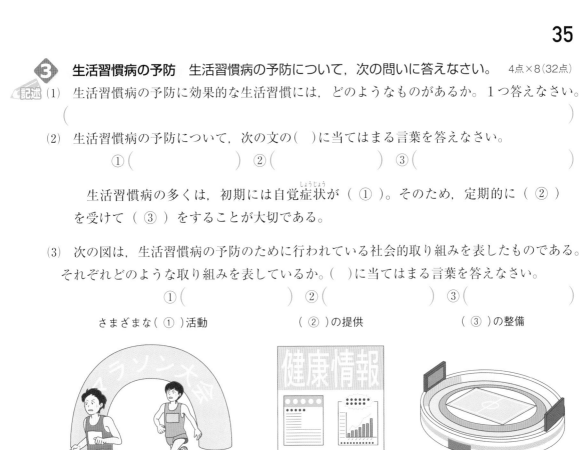

さまざまな（ ① ）活動　　　　　　（ ② ）の提供　　　　　　（ ③ ）の整備

(4) 特定健康診査で診断を行っている，腹囲に加えて，血圧，血糖値，中性脂肪のうち2つ以上が基準値を超えている状態を何というか。

（ 　　　　　　　　　　　　　　　　　　　　　　　 ）

❹ **がんとその予防** がんについて，次の問いに答えなさい。 3点×6（18点）

記述 (1) がんは，正常な細胞がどのようになることによって起こる病気か。簡単に説明しなさい。

（ 　　　　　　　　　　　　　　　　　　　　　　　 ）

(2) がんの原因となる生活習慣にはどのようなものがあるか。2つ答えなさい。

（ 　　　　　　　 ）（ 　　　　　　　 ）

(3) がんの主な原因には，生活習慣の他にどのようなものがあるか。（ 　　　　　 ）

(4) 次の文のうち，正しいものを2つ選びなさい。 （ 　　 ）（ 　　 ）

ア がんが発生する可能性があるのは，一部の臓器だけである。

イ がんの種類や状態によって，発見のしやすさや治りやすさ，治療方法などに違いがある。

ウ 現在の日本では，およそ10人に1人ががんになるといわれている。

エ がんを早期発見・早期治療するためには，健康診断やがん検診を受診することが有効である。

オ がんを早期に発見しても，回復したり進行を食い止めたりすることは不可能である。

保体
メモ ❸生活習慣病を予防するためによい生活習慣は何か，考えてみよう。また，悪い生活習慣をしていないか，生活を見直してみよう。

解答 p.6

確認のワーク ステージ**1**

2 喫煙・飲酒・薬物乱用と健康

教科書の要点（　）に当てはまる語句を答えよう。

1 喫煙と健康

(1) たばこの煙には，（①　　　），タール，一酸化炭素など，200種類以上の有害物質が含まれている。そのため，たばこを吸うと，毛細血管の収縮，せき，心臓への負担など，さまざまな急性影響が現れる。

●たばこの煙の中の主な有害物質

有害物質	主な害
ニコチン	血管の収縮，強い依存性
タール	発がん性物質を多く含む
一酸化炭素	酸素の運搬能力の低下

(2) ニコチンには（②　　　）があるため，喫煙が習慣化するとやめるのが難しくなり，がんや肺疾患，心臓病，脳卒中などにかかりやすくなる。

(3) 心身の発育・発達期は喫煙の影響を受けやすく，依存症になりやすい。そのため，（③　　　）歳未満の喫煙は法律で禁止されている。

(4) 喫煙者がたばこから吸い込む煙を（④　　　）といい，たばこの先から出る煙を（⑤　　　）という。どちらにも多くの有害物質が含まれている。

(5) 喫煙者の近くにいる人が，副流煙や喫煙者が吐き出す煙を吸い込むことを（⑥　　　）という。喫煙は周りの人にも影響を与えるため，受動喫煙防止の取り組みが進められている。

おさえるポイント
- たばこの煙には，ニコチン，タール，一酸化炭素などの有害物質が多く含まれている。
- 喫煙が習慣化すると，肺がんなどの病気にかかりやすくなる。

2 飲酒と健康

(1) 酒類の主成分である（⑦　　　）（エチルアルコール）は，脳や神経の働きを低下させる。そのため，思考力や自制心，運動機能が低下し，転落などの事故や暴力などの事件を起こしやすくなる。

(2) 短時間に大量の酒を飲むと，アルコールの（⑧　　　）を起こし，死亡することもある。
—— 急性アルコール中毒ともいう。

(3) 多量の飲酒を続けると，アルコールなしではいられない（⑨　　　）になり，仕事や人間関係に支障をきたし，日常生活が困難になることがある。また，過度の飲酒を続けると，肝臓や脳，胃，すい臓などの病気やがんになりやすくなる。

(4) 心身の発育・発達期はアルコールの影響を強く受け，依存症にもなりやすい。そのため，（⑩　　　）歳未満の飲酒は法律で禁止されている。

おさえるポイント
- アルコールを短時間に大量にとると，アルコールの急性中毒になる。
- 飲酒の習慣が続くと，アルコール依存症になることがある。

❸ 薬物乱用と健康

(1) 医薬品を医療の目的以外で使用したり，法律で禁止されている薬物を不正に使用したりすることを（⑪　　　　　　　）という。——1回の使用でも乱用という。

(2) 薬物は直接（⑫　　　　　　　）に作用するため，心身に大きな悪影響を及ぼす。また，**依存性**があるので，自分の意思でやめることができなくなる。

(3) （⑬　　　　　　　）を乱用すると，気分が高まったり疲労感がとれたりするが，薬が切れると激しい脱力感や疲労感に襲われる。幻覚や妄想が現れ，体が痩せ衰えるなど，身体への影響も大きい。1回の使用でも死亡することがある。

(4) （⑭　　　　　　　）を乱用すると，感覚が異常になったり，精神が錯乱状態になったりする。乱用を繰り返すと，思考力の低下，無気力の他，性機能の障害や白血球数の減少など，身体的な障害が起こることもある。

(5) 薬物乱用は（⑮　　　　　　　）の形成や心身の健全な発育を強く妨げ，家庭や学校，友人関係の問題などを引き起こす。また，幻覚による犯罪，薬物入手のための密売など，社会全体にも悪影響を及ぼす。このため，薬物乱用は法律で厳しく禁止されている。

おさえるポイント
・薬物乱用は，心身の健全な発育に悪影響を及ぼすだけでなく，社会全体にも大きな悪影響を及ぼす。

❹ 喫煙・飲酒・薬物乱用のきっかけと対処

(1) 喫煙・飲酒・薬物乱用の開始には，**個人の要因**（知識や考え方，心理状態など）と（⑯　　　　　　　）の要因（周囲の人からの誘い，宣伝，入手のしやすさなど）が関係している。

(2) 喫煙・飲酒・薬物乱用をしないためには，害などを理解すること，絶対に手を出さないという強い（⑰　　　　　　　）をもつこと，断り方やストレスなどへの対処能力を高めておくことが必要である。

社会的環境の対策として，喫煙や飲酒の害を知らせる警告表示が行われているよ。

薬物についても，法律が整備されたり，取り締まりが強化されたりしているんだって。

おさえるポイント
・喫煙・飲酒・薬物乱用をしないためには，知識をもつこと，意思を強くもつこと，断り方を考えておくこと，ストレスを発散する方法を身に付けることなどが必要である。

教科書チェック★ 考えてみよう 次のうち，正しいものには○，間違っているものには×をつけよう。

❶（　　）喫煙を長期間続けると，がんやCOPDなどの病気にかかりやすくなる。

❷（　　）飲酒の開始年齢が早いほど，アルコール依存症になる可能性が高くなる。

❸（　　）薬物乱用は危険だが，1回使用するだけであれば危険性はない。

❹（　　）テレビやインターネットでの広告も，喫煙や飲酒のきっかけに影響している。

定着のワーク ステージ**2**

解答 p.6

2 喫煙・飲酒・薬物乱用と健康①

/100

1 **喫煙と健康** 喫煙と健康について，次の問いに答えなさい。

3点×15（45点）

よく出る (1) 右の表は，たばこの煙の中の主な有害物質についてまとめたものである。①～③に当てはまる言葉を答えなさい。

① (　　　　　　)

② (　　　　　　)

③ (　　　　　　)

有害物質	主な害
①	血管の収縮，強い依存性
②	発がん性物質を多く含む
一酸化炭素	③ の運搬能力の低下

(2) たばこの煙には，何種類の有害物質が含まれているか。次のア～ウから選びなさい。

(　　　)

ア およそ50種類　　**イ** およそ100種類　　**ウ** 200種類以上

(3) たばこの煙には，何種類の発がん性物質が含まれているか。次のア～ウから選びなさい。

(　　　)

ア 30種類以下　　**イ** 60種類以上　　**ウ** 100種類以上

(4) 喫煙によって現れる急性影響について，次の文の（　）に当てはまる言葉を答えなさい。

① (　　　　　　) ② (　　　　　　)

③ (　　　　　　) ④ (　　　　　　)

　　有害物質により，毛細血管が（ ① ）する，血圧が（ ② ）する，（ ③ ）への負担がかかる，運動能力が（ ④ ）するなどの影響が現れる。

(5) 喫煙者がたばこから吸い込む煙を何というか。(　　　　　　)

(6) たばこの先から出る煙を何というか。(　　　　　　)

(7) (5)と(6)の煙を比べたとき，(1)の表にある有害物質が多く含まれているのはどちらか。次のア～ウから選びなさい。(　　　)

ア (5)の煙のほうが多い。　　　　**イ** (6)の煙のほうが多い。

ウ どちらも同じくらい含まれている。

(8) 喫煙者の近くにいる人が，(6)の煙や喫煙者が吐き出した煙を吸い込むことを何というか。

(　　　　　　)

(9) たばこの煙を長期間吸い込むことで，肺に炎症が起こり，呼吸が困難になる病気を何というか。

(　　　　　　)

(10) 次の文のうち，正しいものを選びなさい。(　　　)

ア たばこの煙に含まれる有害物質は，肺から吸収された後，血液によって全身を巡（めぐ）る。

イ 喫煙を長期間続けても，依存症を引き起こすことはない。

ウ 喫煙を長期間続けると，肺がんにはかかりやすくなるが，他の器官のがんにかかりやすくなるということはない。

保体メモ **1** 喫煙にはどのような害があり，どのような病気にかかりやすくなるのか，周りにどのような影響を与えるのか，きちんと理解しておこう。

②　飲酒と健康　飲酒と健康について，次の問いに答えなさい。 3点×9(27点)

よく出る (1) 酒類の主成分は何か。 （　　　　　　　　）

(2) (1)の成分は，主にどの臓器で分解されるか。 （　　　　　　　　）

(3) (1)の成分の分解能力に，限界はあるか。 （　　　　　　　　）

(4) (1)の成分の分解能力に，個人差はあるか。 （　　　　　　　　）

(5) 次の文の（　）に当てはまる言葉を答えなさい。

①（　　　　　　　　） ②（　　　　　　） ③（　　　　　　）

　　　短時間に大量の酒を飲むことで，（ ① ）を起こし，意識がなくなって呼吸が

（ ② ），（ ③ ）に至ることもある。

(6) 飲酒の習慣が続くと，仕事や人間関係などに支障をきたしても飲酒をやめられなくなる
ことがある。この病気を何というか。 （　　　　　　　　）

(7) 次の文のうち，正しいものを選びなさい。 （　　　）

ア　(1)の成分は，胃や小腸で吸収され，心臓に蓄えられる。

イ　(1)の成分は，脳や神経の働きを低下させ，思考力，自制心，運動能力を低下させるた
め，事件や事故を起こしやすくなる。

ウ　大量の飲酒はさまざまな器官に悪影響を及ぼすが，がんにかかりやすくなるというこ
とはない。

③　発育・発達期の喫煙・飲酒　発育・発達期の喫煙・飲酒について，次の問いに答えなさ
い。 4点×7(28点)

(1) 心身の発育・発達期は，喫煙や飲酒による悪影響を受けやすいか。次のア～エから選び
なさい。 （　　　）

ア　喫煙の影響は受けやすいが，飲酒の影響は受けにくい。

イ　喫煙の影響は受けにくいが，飲酒の影響は受けやすい。

ウ　喫煙の影響も飲酒の影響も受けやすい。

エ　喫煙の影響も飲酒の影響も受けにくい。

(2) 心身の発育・発達期から喫煙を始めると，健康への影響は大きくなるか，小さくなるか。

（　　　　　　　　）

(3) 心身の発育・発達期の飲酒について，次の文の（　）に当てはまる言葉を答えなさい。

①（　　　　　　　） ②（　　　　　　） ③（　　　　　　）

　　　心身の発育・発達期に飲酒をすると，（ ① ）の萎縮によって学習能力が低下したり，
性ホルモンの分泌異常によって（ ② ）の働きが妨げられたりする可能性がある。ま
た，短時間で（ ③ ）になり，飲酒をやめられなくなる危険性も高くなる。

(4) 現在の日本の法律では，何歳未満の喫煙・飲酒が禁止されているか。それぞれ答えなさ
い。 喫煙（　　　　　　　　） 飲酒（　　　　　　　　）

保体
メモ
❷飲酒の害や飲酒による病気について，きちんと理解しておこう。
❸心身の発育・発達期の喫煙や飲酒が心身にどのような影響を与えるのか，正しく知ろう。

2年 保健編 3章

定着のワーク ステージ❷

2 喫煙・飲酒・薬物乱用と健康②

解答 p.7

/100

❶ 薬物乱用 薬物乱用について，次の問いに答えなさい。 3点×8(24点)

(1) 次の文のうち，薬物乱用に当てはまるものを全て選びなさい。 (　　　　)

　ア 医薬品を医療の目的で使用する。
　イ 医薬品を医療の目的から外れて使用する。
　ウ 法律で禁止されている薬物などを，1回だけ不正に使用する。
　エ 法律で禁止されている薬物などを，何度も不正に使用する。

(2) 薬物はどの器官に直接作用するか。 (　　　　)

(3) 医薬品をスポーツにおける競技力を高めるために使用する行為を何というか。
(　　　　)

(4) (3)の使用方法で，心身の健康に悪影響を及ぼすことがあるか。 (　　　　)

(5) 乱用をやめてしばらくたった後でも，突然幻覚や妄想などの症状が現れることがある。この現象を何というか。 (　　　　)

(6) 次の文のうち，正しいものを3つ選びなさい。 (　　) (　　) (　　)

　ア 薬物には依存性がなく，乱用を繰り返した後でもやめようと思えば自分の意思でやめられる。
　イ 薬物の中には，「合法」や「脱法」と書かれ，問題がないかのように売られているものがある。
　ウ 薬物であることや危険であることを隠すために，隠語でよばれている薬物もある。
　エ お香，ハーブ，入浴剤などに偽装されている薬物は，使用しても心身への悪影響がない。
　オ 薬物の乱用を繰り返すと，薬が切れて薬物による一時的な作用がなくなったときに禁断症状が現れる。
　カ どの薬物も，所持しているだけでは罰せられない。

❷ 薬物乱用 次の文は，薬物乱用の害を表したものである。それぞれの症状が現れる薬物を，下の〔 〕から選んで答えなさい。 4点×3(12点)

(1) 気分の高揚，疲労感の低下，幻覚，妄想などが現れる。体が痩せ衰えるなど，身体への影響も大きい。1回の使用でも死亡することがある。 (　　　　)

(2) 幻覚や妄想が現れ，錯乱状態になる。思考力の低下，無気力，性機能の障害や白血球数の減少など，身体的な障害が起こることもある。 (　　　　)

(3) 幻覚や妄想が現れ，意識障害が生じる。延髄まひによって突然死することもある。
(　　　　)

〔 有機溶剤　　覚醒剤　　大麻 〕

保体メモ ❶❷薬物は，1回の使用でも死に至ることがあり，とても危険だよ。外見や呼び名が安全そうであっても，何が含まれているかわからないので決して手を出してはいけないんだ。

❸ 薬物乱用の悪影響 薬物乱用の社会的な影響について，次の①〜④に当てはまるものを，それぞれ下の〔 〕のア〜シから3つずつ選びなさい。 4点×12(48点)

① 家庭での問題 （ ）（ ）（ ）
② 学校や仕事での問題 （ ）（ ）（ ）
③ 対人関係での問題 （ ）（ ）（ ）
④ 犯罪・その他の問題 （ ）（ ）（ ）

〔 ア 生活の乱れ　イ 欠席や欠勤　ウ 家庭の崩壊　エ 学習意欲の欠如
　オ 薬物の作用による凶悪な犯罪　カ 校内暴力　キ 家庭内暴力
　ク 友人からの孤立　ケ 薬物入手のための恐喝や窃盗
　コ 組織暴力団への資金提供　サ 薬物乱用仲間の形成
　シ けんかを起こしやすい 〕

❹ 喫煙・飲酒・薬物乱用のきっかけと対処 喫煙・飲酒・薬物乱用のきっかけとその対処について，次の問いに答えなさい。 4点×4(16点)

(1) 次の文は，喫煙・飲酒・薬物乱用を始めたきっかけを表したものである。社会的環境の要因を表しているものを2つ選びなさい。 （ ）（ ）

ア 害や社会への悪影響について，十分な知識がない。
イ インターネットで頻繁に宣伝や広告を目にする機会がある。
ウ 自動販売機で入手することができる。
エ 過度なストレスから解放されたいと感じている。
オ 誘いをうまく断ることができない。
カ 重大なことと考えず，好奇心をもつ。

(2) 喫煙・飲酒・薬物乱用のきっかけとその対処について，次の文のうち，正しいものを全て選びなさい。 （ ）

ア ささいなことがきっかけで，喫煙・飲酒・薬物乱用を始めてしまうことがある。
イ 日本では，たばこや酒に警告表示を記載していない。
ウ 薬物を勧められやすい場所や相手を事前に避けることは，薬物乱用を始めないために大きな効果がある。
エ 薬物を勧められたときに相手を無視してその場を立ち去ることは失礼なので，相手の話を最後まで聞くようにするとよい。
オ 映画やテレビなどでの喫煙や飲酒のシーンによって，20歳未満の喫煙や飲酒が助長されることはない。
カ 薬物の密売や密輸を防ぐために，取り締まりは強化されているが，法律は整備されていない。

記述 (3) 中学生のあなたは，親戚の集まりで飲酒を勧められました。どのようにして誘いを断りますか。簡単に説明しなさい。

（ ）

保体メモ ❹喫煙，飲酒，薬物乱用のきっかけにどのようなものがあるのか知ろう。そして，手を出さないためにはどのように対処すればよいのか，考えてみよう。

確認のワーク ステージ **1**

解答 p.7

1 傷害・交通事故・犯罪被害の防止

教科書の要点 （　　　）に当てはまる語句を答えよう。

1 傷害の原因と防止

(1) 中学生の事故による死亡は，（① 　　　　　　）事故や水難事故によるものが多い。また，学校での事故による傷害は，体育的部活動や体育授業で多く発生している。

(2) 傷害は，危険な行動や不安定な心身の状態などの（② 　　　　　　）要因と，危険な物や場所，自然の悪条件などの（③ 　　　　　　）要因が関わり合って起こる。

●傷害の要因

人的要因	危険な行動
	ルールや注意事項を守らない，周囲の安全確認をしないなど
	不安定な心身の状態
	急いでいる，眠い，別のことに夢中になっているなど

環境要因	危険な物
	刃物，硬い物，重い物など
	危険な場所や状況
	暗い場所，立ち入り禁止の場所など
	自然の悪条件
	雨や雪，強風，暑すぎる，寒すぎるなど

 危険予測・危険回避の能力を身に付けると，傷害を防ぐことができるね。

 危険な物や場所などの点検，整備，改善を行うことも大切だよ。

おさえるポイント ・傷害は，人的要因と環境要因が関わり合って起こる。

2 交通事故の原因

(1) 中学生の交通事故は，多くが（④ 　　　　　　）乗用中に起こっている。

(2) 交通事故は，危険な行動や不安定な心身の状態などの人的要因と，交差点や雨などの（⑤ 　　　　　　）要因，車両の欠陥などの（⑥ 　　　　　　）要因が複雑に関わり合って起こる。

●交通事故の要因

人的要因	飛び出しや信号無視，不安定な心身の状態，規則を尊重する態度の欠如，危険を予測する能力の不足	環境要因	交差点や狭い道路など，歩道やガードレールなどの不備，雨などの自然の悪条件
		車両要因	ブレーキがきかないなどの車両の欠陥や整備不良，車両の特性

 おさえるポイント ・交通事故は，人的要因，環境要因，車両要因が複雑に関わり合って起こる。

③ 交通事故の防止

(1) 交通事故を防止するには，(⑦　　　　　　　)を守って安全に行動することや，周りをよく見て**危険予測**をし，危険を(⑧　　　　　　　)する行動をとることが必要である。

(2) 道路の状況や自然の環境条件など，直接目に見えている危険を(⑨　　　　　)危険という。また，体調不良や他の人の行動，死角など，直接目には見えていない危険を(⑩　　　　　)危険という。

●コミュニティ道路

(3) 信号機や道路標識の設置などの(⑪　　　　　　)の**整備**によっても，交通事故を防ぐことができる。また，車両要因による事故を防ぐためには，**車両の点検・整備**を行うことも有効である。

コミュニティ道路では，自動車の速度が落ちるように工夫されているよ。

おさえるポイント ・交通事故を防ぐためには，交通法規を守り，早めに危険予測・危険回避の行動をとることが重要である。

④ 犯罪被害の防止

(1) 犯罪被害を防ぐためには，**犯罪が起こりやすい**(⑫　　　　　　)や場面に近づかないことが必要である。
　　└ 周囲から見えにくい場所など。

(2) 危険が迫った(せま)ときには，逃げる(に)，(⑬　　　　　)を出す，近くに人に知らせるなど，危険を回避(かいひ)するための適切な行動をとる必要がある。

(3) 犯罪被害を防ぐためには，自分で自分を守るための能力を身に付けるとともに，(⑭　　　　　)の住民や自治体，警察などが連携して取り組むことも必要である。

おさえるポイント ・犯罪被害を防ぐためには，犯罪が起こりやすい場所に近づかないこと，地域の住民などと連携しながら取り組むことなどが必要である。

教科書チェック★ 考えてみよう 次のうち，正しいものには○，間違っているものには×をつけよう。

❶(　)傷害は，人的要因と環境要因が関わって起こる。

❷(　)自転車には，バランスを崩(くず)しやすいという車両の特性がある。

❸(　)ブレーキがきき始めてから車が止まるまでの距離(きょり)を空走距離という。

❹(　)周りを高い建物で囲まれた公園など，誰でも自由に出入りができて，周囲からは見えにくい場所では，犯罪が起こりやすい。

❺(　)音楽を聞きながら歩いていても，目で周囲の様子を見ているので，犯罪被害にあう危険はない。

定着のワーク ステージ**2**

1 傷害・交通事故・犯罪被害の防止

解答 p.7

/100

1 **傷害とその原因** 傷害とその原因について，次の問いに答えなさい。 3点×6(18点)

(1) 中学生の事故死の多くは，何によるものか。上位を占める2つの原因を答えなさい。
（ 　　　　　 ）（ 　　　　　 ）

(2) 中学校でのけがの多くは，どのようなときに起こっているか。上位を占める2つを答えなさい。
（ 　　　　　 ）（ 　　　　　 ）

(3) 右の図で，Aさんは友達と話しながら廊下を歩いていたところ，廊下に置いたままになっていたモップにつまずいて転んだ。この事故の要因について，次の文の（ ）に当てはまる言葉を答えなさい。

①（ 　　　　　 ） ②（ 　　　　　 ）

廊下に置いたままのモップは（ ① ）要因で，Aさんが友達との話に夢中であったことは（ ② ）要因であるといえる。

2 **交通事故の原因** 交通事故の原因について，次の問いに答えなさい。 3点×14(42点)

よく出る (1) 中学生の交通事故の多くは，どのようなときに起こっているか。最も割合が大きいものを答えなさい。
（ 　　　　　 ）

(2) (1)の事故の多くは，どのような違反によって起こっているか。上位を占める2つを答えなさい。
（ 　　　　　 ）（ 　　　　　 ）

(3) 交通事故は3つの要因が複雑に関わり合って起こる。それぞれの要因を何というか。また，それぞれの要因の例を1つずつ答えなさい。

要因：①（ 　　　　 ） ②（ 　　　　 ） ③（ 　　　　 ）
要因の例：①（ 　　　　 ）
②（ 　　　　 ）
③（ 　　　　 ）

記述 (4) 自転車にはどのような特性があるか。1つ答えなさい。
（ 　　　　　 ）

(5) 自動車の前輪と後輪の通り道の差を何というか。 （ 　　　　　 ）

(6) 自動車の運転者から見えない部分を何というか。 （ 　　　　　 ）

(7) ブレーキを踏んでからブレーキがきき始めるまでに車が走る距離を何というか。
（ 　　　　　 ）

(8) ブレーキがきき始めてから止まるまでに車が走る距離を何というか。
（ 　　　　　 ）

保体メモ ❶(3)何かをしながら周りをよく見ずに歩くのは危険だよ。学校の中だけでなく，通学路でも注意しよう。❷(3)身近にある事故の要因とそれに対する対処方法を考えてみよう。

❸ **交通事故の防止** 交通事故の防止について，次の問いに答えなさい。 5点×5(25点)

(1) 次の文の( )に当てはまる言葉を答えなさい。

①(　　　　　　) ②(　　　　　　) ③(　　　　　　)

交通事故を防ぐためには，(①)を守って安全に行動すること，自分や周囲の状況から早めに(②)をし，回避の行動をとることが必要である。

また，信号機や道路標識の設置など，(③)を行うことも重要である。

記述 (2) 右の図は，自転車通行可の歩道を自転車で進もうとしている様子である。どのような危険が起こる可能性があるか。2つ答えなさい。

(　　　　　　　　　　　　　　　)

(　　　　　　　　　　　　　　　)

❹ **犯罪被害の防止** 犯罪被害の防止について，次の問いに答えなさい。 5点×3(15点)

よく出る (1) 次の図は，公園の様子を表したものである。犯罪が起こりやすいと考えられるのは，㋐，㋑のどちらか。 (　　　)

㋐
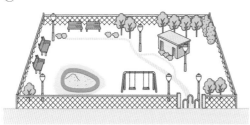

㋑
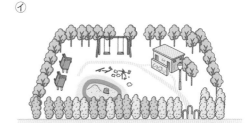

記述 (2) (1)のように考えた理由を答えなさい。 (　　　　　　　　　　　)

(3) 次の文のうち，正しいものを全て選びなさい。 (　　　　　　)

ア 中学生は，行動範囲が広がっていくため，小学生の頃に比べて犯罪被害にあう可能性は低くなる。

イ 犯罪被害を防ぐためには，犯罪が起こりやすい場所や場面に近づかないことが有効である。

ウ 犯罪被害を防ぐには，危険予測や危険回避の能力を身に付けることが必要である。

エ もしも身に危険が迫ったときは，大声を出さずに逃げることが重要である。

オ 犯罪被害の防止のため，地域の住民・自治体・警察などが連携して対策に取り組むことが大切である。

保体メモ ❹犯罪被害が起こりそうな場所や場面を知ろう。そして，身近に危険はないか，危険がある場合はどんな回避方法があるのか，考えてみよう。

解答 p.8

確認のワーク ステージ **1**

2 自然災害への備え

教科書の要点 （　　）にあてはまる語句を答えよう。

1 日本における自然災害

(1) 地震や台風，大雨，大雪，落雷，竜巻などの自然現象による被害を（① 　　　　　　）という。

● 自然災害

地震

大雨

竜巻

(2) 地震によって起こる，家屋の倒壊，家具の転倒，物の落下などによる被害のように，自然災害の発生時や発生直後に起こる被害を（② 　　　　　　）という。

(3) 地震が起こると，（③ 　　　　　　）が押し寄せたり，土砂崩れや地割れ，液状化，火災などが起こったりする。このように，発生後に続いて生じる（④ 　　　　　　）による被害もある。

● 地震による被害

	起こった年	主な死亡原因	二次災害につながった事柄
関東大震災	1923 年	火災	火の使用が多い昼食時に発生
阪神・淡路大震災	1995 年	建物の倒壊	多くの人が在宅中の早朝に発生
東日本大震災	2011 年	津波	原子力発電所でも事故が発生

(4) 台風などによる大雨によって，川が（⑤ 　　　　　　）して周囲が浸水したり，土砂崩れや地滑り，土石流などが発生したりすることがある。

日本ではさまざまな自然災害が起こる危険があるんだね。

自然災害によって，電気，ガス，水道などのライフラインが破壊されることもあるんだ。

おさえるポイント
・日本では，地震などの自然災害により，生活や生命が脅かされることがある。
・自然災害では，二次災害によって被害がさらに拡大することがある。

2 災害への備え

(1) 自然災害による被害を防止するには，事前に（⁶　　　　　　　）する場所や経路を確認しておいたり，地域の防災訓練に参加したりするなど，**日頃からの備え**が大切である。危険な場所の確認には，自治体などが作成・提供している**ハザードマップ**を活用する方法もある。

(2) 自宅でできる備えとしては，家具などの（⁷　　　　　　　）を防止する対策や物の落下を防ぐ対策がある。また，塀などの補強をしておくことも大切である。

●家具などの転倒防止

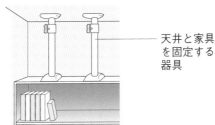

天井と家具を固定する器具

●水や食料の備蓄

長期間保存ができる非常用の食品

おさえるポイント
・自然災害による被害を防止するためには，日頃からの備えが重要である。

3 災害時の行動と情報の入手

(1) 震度5弱以上の地震が予想されるときに気象庁から出される情報を（⁸　　　　　　　）という。

(2) 自然災害が発生したときには，テレビやラジオ，インターネットなどを通じて，正しい（⁹　　　　　　　）を入手することが必要である。そして，落ち着いて，素早く行動することが大切である。

大きな災害にあって心に大きな傷を受けると，PTSD（心的外傷後ストレス障害）になることがあるんだ。

大きな災害の後は，人手が不足することも多いよ。自分にできることを進んでやろうという姿勢が必要だね。

おさえるポイント
・災害時には，正しい情報を入手し，落ち着いて行動することが必要である。

教科書チェック★ 考えてみよう 次のうち，正しいものには○，間違っているものには×をつけよう。

❶（　）地震による家具の転倒や火災は，一次災害である。

❷（　）自然災害が起こったときに落ち着いて行動するためには，避難場所や避難経路を確認するなど，日頃からの備えが大切である。

❸（　）海岸にいるときに地震が発生したら，津波を避けるために，すぐに海から離れてできるだけ高いところに避難する。

定着のワーク ステージ**2**

2 自然災害への備え

解答 p.8

/100

❶ 自然現象による被害 自然現象による被害について，次の問いに答えなさい。

5点×11（55点）

(1) 地震や台風などの自然現象による被害を何というか。 （ 　　　 ）

(2) 次の図は，自然現象による被害の様子を表したものである。それぞれどのような被害か。
あとの**ア**〜**オ**から選びなさい。　　　　　⑦（ 　 ）　⑦（ 　 ）　⑦（ 　 ）

⑦

⑦

⑦

　ア 大雨が降り，洪水が発生した。

　イ 積乱雲が発達し，竜巻が発生した。

　ウ 台風による強風のため，農作物に被害が出た。

　エ 地震が発生し，建物が倒壊した。

　オ 火山が噴火し，火砕流（かさいりゅう）が発生した。

(3) (1)の発生時や発生直後に起こる災害を何というか。 （ 　　　　　　　 ）

(4) (3)に対し，(1)の発生後に起こる災害を何というか。 （ 　　　　　　　 ）

(5) 次の**ア**〜**オ**は地震による被害である。これらを(3)の災害と(4)の災害に分けなさい。

　　　　　　　　(3)の災害（ 　　　　　 ）　　(4)の災害（ 　　　　　 ）

　ア 火災　　**イ** 土砂崩れ　　**ウ** 建物の倒壊　　**エ** 液状化　　**オ** 物の落下

(6) 地震が発生したときに，海岸などに押し寄せて被害をもたらすことがある大きな波を何
というか。 （ 　　　　　　　 ）

記述 (7) 海岸のそばにいるときに地震が発生した場合，どのような行動をとる必要があるか。

　（ 　　　　　　　　　　　　　　　　　　　　　　　　　　　　　　　 ）

(8) 次の文のうち，正しいものを全て選びなさい。 （ 　　　　　　　 ）

　ア 地震は発生の予知が困難である。

　イ 台風による大雨で，土砂崩れが発生することがある。

　ウ 竜巻によって，川が氾濫（はんらん）することがある。

　エ 雪の多い日本海側の地域では，大雪による交通災害が発生しない。

　オ 火山噴火によって，火山灰や溶岩流による被害が発生することがある。

　カ 自然現象による被害は，繰り返し発生することがある。

保体メモ　❶(7)海岸のそばにいるときに地震が発生したら，(6)の大きな波が押し寄せてくる可能性を考えて
行動しよう。

② **地震と安全の確保** 右の図は，Aさんの通学路の様子である。次の問いに答えなさい。 3点×7(21点)

記述 (1) 図のような場所で地震が発生した場合，どのような危険があると考えられるか。1つ答えなさい。

(　　　　　　　　　　　　　　)

(2) 地震による大きな揺れが予想されるときに，気象庁から出される情報を何というか。

(　　　　　　　　)

(3) 次の文の( )に当てはまる言葉を答えなさい。

①(　　　　　) ②(　　　　　) ③(　　　　　)
④(　　　　　) ⑤(　　　　　)

　地震が発生したときは，かばんで頭を守る，机の下に隠れるなど（ ① ）を確保する。そして，揺れが収まったら（ ② ）する。

　災害時に適切な行動をとるためには，正しい（ ③ ）を入手することが大切である。また，落ち着いて速やかに行動するためには，（ ② ）する場所や（ ④ ）を確認しておくなど，（ ⑤ ）からの備えも必要である。

③ **さまざまな災害と安全の確保** さまざまな災害と安全の確保について，次の問いに答えなさい。 4点×6(24点)

記述 (1) 災害に備えて，自宅でできる対策にはどのようなものがあるか。1つ答えなさい。

(　　　　　　　　　　　　　　)

(2) 電気やガス，水道などの生活に必要な基盤を何というか。 (　　　　　)

(3) 大きな災害によって，(2)が途絶えることはあるか。 (　　　　　)

(4) 次の文のうち，正しいものを3つ選びなさい。 (　　) (　　) (　　)

ア 災害発生時に出される情報には，不確かな情報は含まれていない。

イ ハザードマップは災害発生時に使うものなので，災害に備えるために活用することはできない。

ウ 大雨のときには，河川の様子を自分で確認しに行くことが重要である。

エ 大雨が予想されるときは，早めから警報や注意報などの気象情報に注意し，心構えを高めておくことが重要である。

オ 竜巻や落雷など，屋外に避難するよりも屋内にとどまるほうが安全な場合もある。

カ 大きな災害では，心に大きな傷を受けてPTSDなどの深刻な影響が長く続くことがある。

保体メモ ②身近な場所には，災害時にどのような危険があるのか，確かめておこう。③さまざまな自然災害について，安全を確保する方法を整理し，災害発生時に適切な行動ができるようにしよう。

解答 p.8

確認のワーク ステージ 1　3　応急手当

教科書の要点（　　）に当てはまる語句を答えよう。

1 応急手当

(1) 傷病者（けが人や病人）が出た場合，近くにいる人ができる一時的な手当を（①　　　　　）という。

(2) 応急手当には，けがや病気の（②　　　　　）を防ぐ，（③　　　　　）や不安を和らげる，治療の効果を高めるなどの目的がある。

特に心肺停止などの場合には，少しでも早く応急手当を行うことが必要だね。

●応急手当の開始時間と救命の可能性

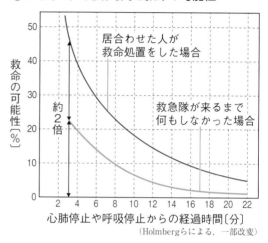

救命の可能性〔%〕

居合わせた人が救命処置をした場合

約2倍

救急隊が来るまで何もしなかった場合

心肺停止や呼吸停止からの経過時間〔分〕

（Holmbergらによる，一部改変）

おさえるポイント　・けが人や病人が出た場合の一時的な手当を応急手当という。

2 応急手当の流れ

(1) 傷病者を発見したときは，周囲の（④　　　　　）を確認してから近づき，反応を確認する。

(2) 傷病者に反応がなければ，周囲に助けを求め，（⑤　　　　　）番に通報する。また，AED（自動体外式除細動器）を手配する。

(3) 傷病者の呼吸がない場合には，ただちに胸骨圧迫などの（⑥　　　　　）を開始する。人工呼吸の技術と意思がある場合は，人工呼吸も行う。

(4) （⑦　　　　　）が届いたら装着し，電気ショックと胸骨圧迫を続ける。

●応急手当の一般的な流れ

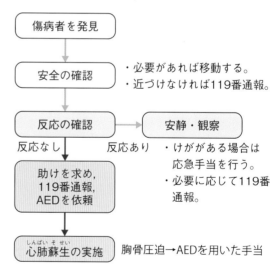

傷病者を発見

安全の確認
・必要があれば移動する。
・近づけなければ119番通報。

反応の確認　→　安静・観察

反応なし　　反応あり
・けががある場合は応急手当を行う。
・必要に応じて119番通報。

助けを求め，119番通報，AEDを依頼

心肺蘇生の実施
胸骨圧迫→AEDを用いた手当

学校や大きな駅，ショッピングモールなどで，AEDの設置場所を確認してみよう。

おさえるポイント　・傷病者の反応がない場合は，助けを求めて119番通報し，胸骨圧迫やAEDによる心肺蘇生を行う。

❸ 心肺蘇生法や傷の手当

(1) 心肺蘇生は，止まってしまった（⑧　　　　　　　）や肺の働きを補うために行うもので，（⑨　　　　　　　　）や人工呼吸などの方法がある。

└呼吸を確認するときは，死戦期呼吸に注意。

(2) AEDによる（⑩　　　　　　　　）には，心拍を正常な状態に戻す目的がある。

(3) 出血が多いときには生命に危険が及ぶため，すぐに（⑪　　　　　　　　）することが必要である。出血している部分を強く押さえる（⑫　　　　　　　　）法を行うとよい。

(4) 骨折や捻挫が疑われる場合には，包帯法などを用いて患部を（⑬　　　　　　　　）するとよい。

⚪️直接圧迫止血法

ビニール袋

ガーゼや布

⚪️三角巾による方法

❶ 足を三角巾の中央に置き，頂点をかぶせる。

三角巾

❷ 両端を交差させる。

❸ 布の先を前面で結ぶ。

⚪️固定具を使う方法

❶ 患部の上と下の関節を固定する。

❷ 固定具を首から布でつるす。

❸ 巻いた部分が締まりすぎていないか，30分ごとに調べる。締まりすぎていたら緩める。

おさえるポイント
・出血がある場合は，直接圧迫止血法で止血する。
・骨折や捻挫が疑われる場合には，患部を固定する。

教科書チェック★ 考えてみよう 次のうち，正しいものには○，間違っているものには×をつけよう。

❶（　）心臓や呼吸が止まってしまった場合，応急手当の開始が早いほど，救命の可能性は高くなる。

❷（　）胸骨圧迫は，強く，ゆっくり，絶え間なく行う。

❸（　）直接圧迫止血法では，血液からの感染防止のためにビニール袋などを利用するとよい。

❹（　）包帯法では，巻き包帯やネット包帯による固定方法もある。

定着のワーク ステージ❷

3　応急手当①

解答 p.8

/100

❶ 傷病者の手当　傷病者の手当について，次の問いに答えなさい。　5点×5（25点）

（1）傷病者が出た場合，近くにいる人が行う一時的な手当のことを何というか。

（　　　　　　　　　　）

（2）(1)の目的について，次の文の（　）に当てはまる言葉を答えなさい。

①（　　　　　　　　）　②（　　　　　　　　）

③（　　　　　　　　）　④（　　　　　　　　）

● 傷病者の（ ① ）や（ ② ）を和らげる。　● 傷病の（ ③ ）を防ぐ。

● 治療の効果を高める，治療後の回復を早める。　●（ ④ ）を救う。

❷ 心肺蘇生法の流れ　右の図は，傷病者を発見したときの行動の流れについてまとめたものである。次の問いに答えなさい。　3点×9（27点）

（1）図の㋐〜㋺に当てはまる言葉や数字を，それぞれ〔　〕から選んで答えなさい。

㋐（　　　　　　　）
㋑（　　　　　　　）
㋒（　　　　　　　）
㋓（　　　　　　　）
㋔（　　　　　　　）
㋕（　　　　　　　）
㋖（　　　　　　　）

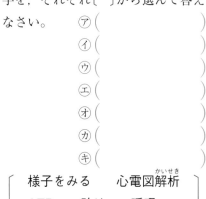

〔
様子をみる　　心電図解析
AED　　助け　　呼吸
119　　110　　心臓
胸骨圧迫　　　患部圧迫
〕

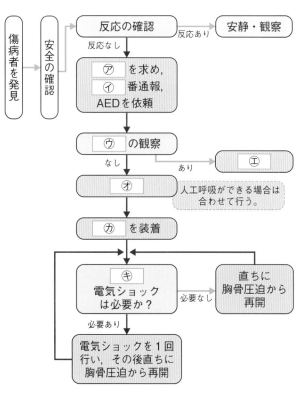

（2）反応のない傷病者がしゃくりあげるような不規則な呼吸をしている場合にも，呼吸がない場合と同様の注意が必要である。このような不規則な呼吸を何というか。

（　　　　　　　　　　）

（3）次の文のうち，正しいものを全て選びなさい。　（　　　　　　）

　ア　心肺停止の場合は，迅速に手当てを行えるかどうかが生死を大きく左右する。

　イ　心肺が停止しても，5分以内に救命処置を開始すれば必ず命は助かる。

　ウ　救急に通報するときは，通信指令員の問いかけに落ち着いて答える。

保体メモ　❷応急手当を早く開始するほど，救命の可能性は高くなるよ。心肺蘇生法の流れをきちんと理解し，いざというときに実行できるようになろう。

❸ 心肺蘇生 成人への心肺蘇生について，次の問いに答えなさい。　　3点×16(48点)

(1) 次の㋐～㋒は，それぞれ何という心肺蘇生法を行っている様子を表しているか。下の〔　〕から選んで答えなさい。

㋐（　　　　　）　㋑（　　　　　）　㋒（　　　　　）

〔　胸骨圧迫　　人工呼吸　　気道の確保　〕

(2) 胸骨圧迫について，次の文の（　）に当てはまる言葉を，下の〔　〕から選んで答えなさい。

①（　　　）　②（　　　）　③（　　　）
④（　　　）　⑤（　　　）　⑥（　　　）

- 胸が約（　①　）cm沈むように，1分間に（　②　）回の速さで（　③　）圧迫する。
- 両ひじを（　④　），垂直に体重をかける。
- 胸骨の（　⑤　）半分，胸の（　⑥　）の位置を圧迫する。

〔　1　　5　　10　　20～30　　50～60　　100～120
休憩しながら　　絶え間なく　　曲げて　　曲げず　　上　　下　　真ん中　〕

(3) 人工呼吸について，次の文の（　）に当てはまる言葉を，下の〔　〕から選んで答えなさい。

①（　　　）　②（　　　）　③（　　　）
④（　　　）　⑤（　　　）　⑥（　　　）

- 気道の確保は，人工呼吸の（　①　）に行う。
- 人工呼吸を行うときは，自分の口を大きくあけて傷病者の（　②　）を覆う。
- 人工呼吸を行うときは，傷病者の（　③　）をつまみ，およそ（　④　）秒間かけて息を吹き込む。
- 心肺蘇生では，人工呼吸（　⑤　）回と胸骨圧迫（　⑥　）回を繰り返すとよい。

〔　1　　2　　5　　10　　30　　50　　前　　後　　目　　鼻　　口　〕

(4) AEDについて，次の文のうち，正しいものを全て選びなさい。　（　　　）

ア　AEDは，正常に動いていない心臓に電気ショックを与えることで，心臓を正常な状態に戻すための機器である。

イ　AEDは，特殊な免許をもっている人だけが使用することができる機器である。

ウ　AEDの電源を入れた後，傷病者の衣服の上から電極パッドを貼る。

エ　AEDの電源を入れると音声メッセージが流れ，それに従って操作ができるようになっている。

オ　電気ショックを行うときは，傷病者に触れてはいけない。

保体メモ ❸応急手当の具体的な方法を身に付けよう。地域の消防署などで行われている応急手当の講習会に参加するなどしてもいいね。

定着のワーク ステージ**2** 応急手当②

❶ **傷の手当** 傷の手当について，次の問いに答えなさい。 6点×7（42点）

(1) 皮膚や粘膜（ひふ・ねんまく）が傷ついて出血している場合には，どのような危険があるか。

（ 　　　　　　　　 ）

記述 (2) (1)の危険を防止するためには，傷口をどのようにするとよいか。簡単に答えなさい。

（ 　　　　　　　　 ）

(3) 大量の出血がある場合には，何という方法で止血を行うとよいか。

（ 　　　　　　　　 ）

(4) (3)の方法について，次の文のうち，正しいものを2つ選びなさい。

（ 　　 ）（ 　　 ）

ア 清潔でうすいガーゼ1枚を傷口に直接当てて強く押さえる。

イ 止血のための圧迫は1分程度行う。

ウ 片手では止血できない場合には，両手で体重をかけるようにして止血してもよい。

エ 止血を行うときは，できるだけゴム手袋やビニール袋を使用したほうがよい。

オ 止血をするときは，血液からの感染防止に注意する必要はない。

カ 止血後は，ガーゼを外して，少し緩めに包帯を巻いておくとよい。

(5) 腕に包帯を巻く方法（包帯法）について，あとの図を見ながら，次の文の（ ）に当てはまる言葉を答えなさい。 ①（ 　　　　　 ） ②（ 　　　　　 ）

　⑦のように包帯の端を（ ① ）に当てて1〜2回巻いた後，⑦のように端を（ ② ）。そして，その上を覆って固定したら，少しずつずらしながら重ねて巻く。巻き終わりは包帯どめやテープなどでとめる。

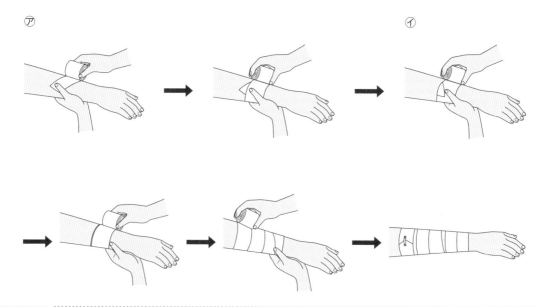

⑦　　　　　　　　　　　　　　　　　　　　⑦

保体メモ **❶**いざというときに傷の手当てができるように，練習をしておこう。応急手当を受けた後は，医師の診察を受けよう。

2 **包帯法** 包帯法では，次の図のものを使用することもある。あとの問いに答えなさい。

7点×4（28点）

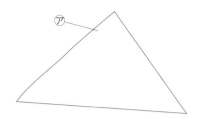 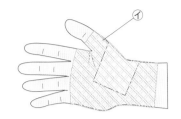

(1) 傷の手当てに用いられる㋐，㋑をそれぞれ何というか。

㋐（　　　　　　　　　　） ㋑（　　　　　　　　　　）

(2) 巻き包帯では巻きにくいところに使いやすいのは，㋐，㋑のどちらか。 （　　　　　　）

(3) 身の回りにあるもので，㋐や包帯の代用として使えるものを1つ答えなさい。

（　　　　　　　　　　　　）

3 **骨折・脱臼・捻挫** 次の図は，骨折・脱臼・捻挫の様子を表したものである。あとの問いに答えなさい。

5点×6（30点）

(1) 骨折の様子を表しているのは，㋐〜㋒のどれか。 （　　　　　　）

(2) 骨折したときは，どのように手当てをするとよいか。次の**ア**〜**エ**から選びなさい。

（　　　　　　）

　ア 骨折した部分の上の関節と一緒に固定する。

　イ 骨折した部分の下の関節と一緒に固定する。

　ウ 骨折した部分の上下の関節と一緒に固定する。

　エ 関節と一緒に固定するのではなく，骨折した部分のみを固定する。

(3) 身の回りにあるもので，固定具の代用として使えるものを1つ答えなさい。

（　　　　　　　　　　　　）

(4) 脱臼の様子を表しているのは，㋐〜㋒のどれか。 （　　　　　　）

(5) 捻挫の様子を表しているのは，㋐〜㋒のどれか。 （　　　　　　）

(6) 捻挫をしたときは，どのように手当てをするとよいか。次の**ア**〜**ウ**から選びなさい。

（　　　　　　）

　ア すぐにあたためて，安静にする。　　**イ** すぐに冷やして，安静にする。

　ウ あたためたり冷やしたりせず，安静にする。

保体メモ **❷❸**災害時などでは，包帯などの応急手当に必要なものがそろっていないことも想定されるよ。代用できるものを知っておくといいね。

解答 p.9

確認のワーク ステージ① 文化としてのスポーツ

教科書の要点 （　）に当てはまる語句を答えよう。

① スポーツの文化的意義

(1)　スポーツを行うことには，文化的に重要な意義がある。

◆豊かな交流を生み出す。

・協力し，議論し合いながらスポーツを行う。

・イベントを通して，世代などを超えた交流が生まれる。

◆健やかな（①　　　　　）をもたらす。

・体力や健康を保持増進させる。

・ストレスを軽減させる。

◆自己開発の機会を提供する。

・達成感が得られ，自信につながる。

・新たな考え方や目標が生まれる。

(2)　日本では，2011年に（②　　　　　）が制定され，これに基づいて**スポーツ基本計画**が定められている。また，自治体ではこれに基づいて**スポーツ推進計画**が策定されている。

スポーツを通じて，豊かな人生を送ることができるように取り組んでいる。

●日本の「スポーツ基本法」（前文）

> スポーツは，世界共通の人類の文化である。
>
> スポーツは，心身の健全な発達，健康及び体力の保持増進，精神的な充足感の獲得，自律心その他の精神の涵養等のために個人又は集団で行われる運動競技その他の身体活動であり，今日，国民が生涯にわたり心身ともに健康で文化的な生活を営む上で不可欠のものとなっている。

（「スポーツ基本法」より抜粋）

おさえるポイント　・スポーツは，豊かな交流をもたらし，健やかな心身を培い，自己開発の機会を提供する。

② 国際的なスポーツ大会

(1)　国際的なスポーツ大会には，（③　　　　　）・パラリンピック競技大会，世界選手権大会，ワールドカップなどがある。

(2)　オリンピックは，フランスの教育家ピエール・ド・クーベルタンが古代ギリシャの競技会をモデルに始めた競技大会である。

　　パラリンピックは，さまざまな（④　　　　　）のある人が参加できる大会で，現在ではオリンピックのすぐ後に，オリンピックと同じ場所で開催される。

オリンピックは夏の大会と冬の大会があるよ。

オリンピックについて，144ページにまとめてみよう。

おさえるポイント　・国際的なスポーツ大会には，オリンピック・パラリンピック競技大会，世界選手権，ワールドカップなどがある。

❸ 国際的なスポーツ大会

(1) 国際的なスポーツ大会は，国際親善や（⑤　　　　　）に大きな役割を果たしている。

(2) 近年，国際的なスポーツ大会の様子は，テレビやインターネットなどの（⑥　　　　　）によって世界中に伝えられ，スポーツの魅力や意義が広く認められるようになってきた。

●オリンピズムの根本原則

①オリンピズムは肉体と意志と精神のすべての資質を高め，バランスよく結合させる生き方の哲学である。オリンピズムはスポーツを文化，教育と融合させ，生き方の創造を探求するものである。その生き方は努力する喜び，良い模範であることの教育的価値，社会的な責任，さらに普遍的で根本的な倫理規範の尊重を基盤とする。

②オリンピズムの目的は，人間の尊厳の保持に重きを置く平和な社会の推進を目指すために，人類の調和のとれた発展にスポーツを役立てることである。

（日本オリンピック委員会訳「オリンピック憲章」より抜粋）

> **おさえるポイント**
> ・オリンピックなどの国際的なスポーツ大会は，国際親善や世界平和に大きな役割を果たしている。

❹ 人々を結び付けるスポーツ

(1) スポーツは，同じルールの下で全力を尽くして競い合うことを通して，また，選手やスタッフなどの多様な人々との交流を通して，人々を（⑦　　　　　）働きがある。

(2) スポーツは，言葉が通じなくても共通の経験をすることができる。また，さまざまな工夫によって，年齢や性，障害の有無などのさまざまな（⑧　　　　　）を超えて交流することができる。

●人々を結び付けるスポーツ

スポーツ用の義足を作る仕事をしている人もいるんだね。

言語が違ってもスポーツを楽しむことができるんだね。

> **おさえるポイント**
> ・スポーツには，さまざまな違いを超えて人々を結び付ける働きがある。

教科書チェック★ 考えてみよう 次のうち，正しいものには○，間違っているものには×をつけよう。

❶（　　）パラリンピックは，フランスのピエール・ド・クーベルタンによって創始された国際大会である。

❷（　　）外国人と日本人が一緒にサッカーをプレイするとき，人種や国の違いを超えてスポーツを楽しんでいるといえる。

❸（　　）祖父母と一緒にウォーキングをするとき，年齢の違いを超えてスポーツを楽しんでいるといえる。

定着のワーク ステージ**2**

文化としてのスポーツ

解答 p.9

/100

① **スポーツの文化的意義** スポーツの文化的意義について，次の問いに答えなさい。

5点×6(30点)

(1) 次の①～③はスポーツの文化的意義を示したものである。それぞれの例として当てはまるものを，下の**ア～ケ**から全て選びなさい。

① 健やかな心身をもたらす。 (   )

② 豊かな交流をもたらす。 (   )

③ 自己開発の機会を提供する。 (   )

ア ストレスを軽減する。

イ スポーツイベントに参加し，異なる世代の人と協力する。

ウ 生活習慣病のリスクが下がる。

エ 好きなスポーツの話題で仲間と盛り上がる。

オ 目標に向けて努力し，自信をつける。

カ 体力を維持，向上させる。

キ スポーツについての新たな知識を得る。

ク スポーツを見て感動し，新たな考え方や目標が生まれる。

ケ 運動部活動で仲間と議論し合う。

(2) スポーツの推進のための取り組みについて，次の文の（　）に当てはまる言葉を，下の〔　〕から選んで答えなさい。

①(   ) ②(   ) ③(   )

日本では，国が（ ① ）に基づいて（ ② ）を定めている。また，自治体では，これらに基づいて（ ③ ）を策定し，スポーツの推進に取り組んでいる。

〔 スポーツ基本法　　スポーツ推進計画　　スポーツ基本計画 〕

② **国際的なスポーツ大会** 国際的なスポーツ大会について，次の問いに答えなさい。

6点×3(18点)

よく出る (1) 国際的なスポーツ大会は，どのようなことに大切な役割を果たしているか。2つ答えなさい。 (   ) (   )

(2) 次の文のうち，正しいものを選びなさい。 (   )

ア 国際的なスポーツ大会は文化の異なるさまざまな人が参加しているので，スポーツのもつ教育的な意義や倫理的な価値を伝えるのが困難である。

イ スポーツ大会の様子はメディアを通して世界中に届けられ，スポーツの魅力が世界中に伝えられている。

ウ スポーツ大会の様子を伝えるメディアは，テレビとラジオ，新聞だけである。

保体メモ **②**最近開催された国際的なスポーツ大会にはどのようなものがあったかな。大会の魅力はどのように伝えられたか，また，大会でどのような交流や活動が行われたか，調べてみよう。

③ オリンピック・パラリンピック競技大会 オリンピック・パラリンピック競技大会について，次の問いに答えなさい。

4点×9(36点)

(1) 次の文の( )に当てはまる言葉を，下の〔 〕から選んで答えなさい。

① ( )　② ( )　③ ( )
④ ( )　⑤ ( )　⑥ ( )
⑦ ( )　⑧ ( )

　　オリンピックは，古代ギリシャの競技会を参考に，ピエール・ド・(①) が創始した。古代の競技会は (②) 年間を1周期とする (③) という単位で開催されていたため，オリンピックもそれにならっている。1896年の第1回大会は (④) で行われた。

　　(①) が広めた言葉には「オリンピックで重要なことは，(⑤) ことではなく (⑥) ことである。」というものがあり，オリンピックの精神をよく表している。

　　オリンピック憲章には，スポーツの役割についての基本的な理念である (⑦) が書かれている。

　　1964年のオリンピック (⑧) 大会が終わった直後に，パラリンピックの (⑧) 大会が開催され，さまざまな障害のある人が参加した。

〔 1　2　4　10　オリンピアード　オリンピズム　クーベルタン
アテネ　ロンドン　東京　勝つ　負ける　参加する 〕

(2) 世界各地では，さまざまな争いが絶えない。そのため，古代オリンピックにならってオリンピック・パラリンピック開催期間中に世界に呼びかけられていることを何というか。

( )

④ 人々を結び付けるスポーツ 人々を結び付けるスポーツについて，次の問いに答えなさい。

(2)6点，他5点×2(16点)

(1) 次の文のうち，正しいものを全て選びなさい。( )

ア　ボールが1つあれば，人々が集まってスポーツを楽しむことができる。

イ　生まれた国や民族が異なる選手たちが，国籍などの違いを超えて結び付き，チームとしてプレイする状況が見られる。

ウ　男女混合種目の増加により，性の違いを超えた結び付きが見られる。

エ　共通のルールや条件の下で行われるスポーツでは，さまざまな違いを超えて共通の経験を味わうことは難しい。

記述 (2) 小学生とバスケットボールを楽しむことになったとする。このとき，年齢の違いを超えてスポーツを楽しむためには，どのような工夫をするとよいか。1つ答えなさい。

( )

(3) 障害の有無という違いを超えてスポーツを楽しむために，用具の工夫が行われている。どのような用具があるか。1つ答えなさい。( )

保体メモ　④言語，性別，年齢，障害の有無など，さまざまな違いを超えてスポーツを楽しむために，どのような工夫をすればよいか考えてみよう。

解答 p.10

確認のワーク ステージ **1**

1 感染症や性感染症とその予防

教科書の要点 ( )に当てはまる語句を答えよう。

1 感染症

(1) 細菌やウイルスなどの病原体が体内に侵入(しんにゅう)して定着(ていちゃく)・増殖することを (①) といい, それによって起こる病気を (②) という。

(2) 病原体に感染した結果, 体に発熱などの症状が出ることを (③)(発症)(はっしょう)と いう。 ┗感染から発病までを潜伏期間という。┛

(3) 感染症(かんせんしょう)の感染や発病には, 栄養状態や抵抗力などの**主体(人)の条件**だけでなく, 温度や 湿度, 人口密度や交通などの (④)の条件も関わっている。

●感染症の例とその特徴

感染症	結核(けっかく)	麻疹(ましん)(はしか)	インフルエンザ	風疹(ふうしん)	ノロウイルス感染症	コレラ	マラリア
病原体	結核菌(けっかくきん)	麻疹(ましん)ウイルス	インフルエンザウイルス	風疹ウイルス	ノロウイルス	コレラ菌	マラリア原虫
主な感染経路	感染者のくしゃみやせきによって空気中に出された, 浮遊(ふゆう)している病原体を吸入。	感染者のくしゃみやせきを直接吸入。感染者が触った物に接触(せっしょく)し, その手で口や鼻に接触。		汚染された物を飲食。感染者のふん便・吐物(とぶつ)に接触。		マラリア原虫を持つ蚊(か)に刺(さ)される。
潜伏期間(せんぷくきかん)	数か月以上	10〜12日	1〜3日	14〜21日	1〜2日	1日以内	10〜30日
主要症状	せき, たん, 発熱	発熱, せき, 発疹(はっしん)	発熱, 筋肉痛, 関節痛, せき	発熱, 発疹	おう吐(と), 下痢(げり)		高熱

おさえるポイント
・病原体が体内に侵入して定着・増殖することを感染という。
・病原体の感染によって起こる病気を感染症という。

2 感染症の予防

(1) 病原体を保有する人や動物, 病原体に汚染されたものなどのことを (⑤) という。また, 病原体がうつる道筋を (⑥) という。

(2) 感染症の予防には, **感染源, 感染経路**についての 対策と, (⑦)を高めるための対策を 立てることが有効である。

感染源についての対策には消毒や滅菌など, 感染経路についての対策にはマスクやうがい, 手洗いなどがあるよ。

(3) 病原体が体の中に侵入すると, 血液中のリンパ球 という白血球の一種が中心となって病原体と闘(たたか)う。この働きを, 抵抗力の中でも特に (⑧)といい, ワクチンが開発されている感染症では, (⑨) を受けることで働きを高めることができる。 ┗病原体と闘う抗体をつくる。┛

おさえるポイント
・感染症の予防には, 感染源, 感染経路, 体の抵抗力について対策を立てるとよい。

❸ 性感染症とその予防

(1) 性的接触によって感染する病気を（⑩　　　　　　　　　）といい，性器クラミジア感染症，りん菌感染症，性器ヘルペスウイルス感染症，梅毒（ばいどく）などがある。

(2) 性感染症の病原体は，感染者の（⑪　　　　　　　　　），腟分泌液（ちつぶんぴつ），血液などに含まれている。これらの病原体が性器などの（⑫　　　　　　　　　）や皮膚に接触（ひふ）することで，性感染症に感染する。性感染症を治療せずに放置しておくと，男女ともに不妊症（ふにんしょう）の原因になることがある。また，母親から胎児（たいじ）に感染することもある。

(3) 性感染症の予防には，性的接触を避（さ）けることが最も有効である。また，（⑬　　　　　　　　　）を正しく使用すると直接の接触を避けることができる。

感染していることに気づかずに他の人へ感染を広げてしまうことが少なくないんだって。

1度の性的接触でも感染する可能性があるよ。もし感染したら，自分だけでなく，相手も一緒に治療を受けよう。

おさえるポイント
・性的接触によって感染する病気を性感染症という。
・性感染症は，性的接触を避けることや，コンドームの使用などで予防できる。

❹ エイズとその予防

(1) エイズは（⑭　　　　　　　　　）（ヒト免疫不全ウイルス）（めんえき ふ ぜん）というウイルスによって起こる病気である。

(2) HIVに感染すると，免疫の働きが徐々に低下し，さまざまな病気にかかりやすくなる。こうした症状を（⑮　　　　　　　　　）（後天性免疫不全症候群）（こうてんせいめんえき ふ ぜんしょうこうぐん）という。現在ではHIVの増殖を抑えて免疫の働きを維持する治療方法が進歩しているので，**早期発見・治療開始**が重要である。

(3) HIVの感染経路には，性的接触，母子感染，血液による感染がある。感染を予防するためには，（⑯　　　　　　　　　）をしないこと，コンドームを正しく使用すること，他人の血液に触れないことなどが有効である。

おさえるポイント
・エイズは HIV によって起こる病気である。
・HIV の感染経路は，性的接触，母子感染，血液による感染である。

教科書チェック★ 考えてみよう　次のうち，正しいものには○，間違っているものには×をつけよう。

❶（　　　）感染症は，病原体に感染するとすぐに発病する。

❷（　　　）人が多く集まる場所は，感染症が広がりやすい場所であるといえる。

❸（　　　）感染症にかかったときに早期に適切な治療を受けることは，病気から回復するためだけでなく，周囲への感染を広げないためでもある。

❹（　　　）1度の性的接触だけでは性感染症に感染することはない。

❺（　　　）風呂やプール，くしゃみや汗，握手では，HIVに感染しない。

定着のワーク ステージ**2**

1 感染症や性感染症とその予防

解答 p.10

/100

① 感染症 感染症について，次の文の（　）に当てはまる言葉を答えなさい。

4点×5（20点）

①（　　　　）　②（　　　　）　③（　　　　）

④（　　　　）　⑤（　　　　）

細菌やウイルスなどの（ ① ）に（ ② ）することで起こる病気を（ ③ ）という。
（ ② ）したことによって病気の症状が出ることを（ ④ ）といい，（ ② ）から
（ ④ ）までの期間を（ ⑤ ）という。

② 感染症の予防 感染症の予防について，次の問いに答えなさい。

3点×12（36点）

(1) 病原体を保有する人や動物，病原体に汚染された物などを何というか。

（　　　　　　　）

(2) 感染症の予防のための対策のうち，(1)をなくす対策として有効なことを1つ答えなさい。

（　　　　　　　）

(3) 病原体がうつる道筋のことを何というか。　（　　　　　　　）

(4) 感染症の予防のための対策のうち，(3)を断つ対策として有効なことを1つ答えなさい。

（　　　　　　　）

よく出る (5) 感染症の予防について，次の文の（　）に当てはまる言葉を答えなさい。

①（　　　　）　②（　　　　）　③（　　　　）

④（　　　　）

感染症の予防のためには，（ ① ）を高める対策を立てることも重要である。ワク
チンが開発されている感染症では，（ ② ）を受けることで（ ① ）の中でも特に
（ ③ ）をつけることができる。（ ① ）を高める対策として日頃からできる有効なこ
との1つに，（ ④ ）がある。

(6) 次の文のうち，正しいものを4つ選びなさい。

（　　）（　　）（　　）（　　）

ア インフルエンザは，インフルエンザウイルスへの感染によって起こる感染症である。

イ 人や物の交流が活発な現代では，感染症が短期間に世界中に広がる危険がある。

ウ 病原体への感染には，温度や湿度などの自然環境の条件は関係しない。

エ 予防をしていても，感染症にかかることがある。

オ 予防をしていれば，感染しても発病することはない。

カ 新たな感染症が広がりを見せた場合に，患者やその家族への偏見など，人権上の問題
が起こることがある。

保体メモ **②** 感染症を予防するために，どのような取り組みが行われているのかを調べてみよう。また，身
近なところで感染症が発生した場合にどのような行動をするべきか，考えてみよう。

❸ 性感染症とその予防 性感染症とその予防について，次の問いに答えなさい。

4点×4（16点）

(1) 次のうち，性感染症を全て選びなさい。 （　　　　）

　　ア　性器クラミジア感染症　　イ　ノロウイルス感染症　　ウ　マラリア

　　エ　梅毒　　オ　りん菌感染症　　カ　コレラ　　キ　性器ヘルペスウイルス感染症

(2) 性感染症を予防する方法として有効なものを2つ答えなさい。

　　　　　　　　　　　（　　　　　　　　　　　）

　　　　　　　　　　　（　　　　　　　　　　　）

(3) 性感染症について，次の文のうち，正しいものを全て選びなさい。

　　　　　　　　　　　　　　　　　　　　　　　　　　（　　　　　　　）

　　ア　感染しても発病しない場合や，発病しても自覚症状がほとんどない場合がある。

　　イ　潜伏期間が長く，気がつかないうちに他人に感染させてしまうことがある。

　　ウ　10歳代で感染する人はいない。

　　エ　若い世代で感染率の高い性感染症がある。

　　オ　感染しても，発病していなければ自然に治るので放置してよい。

　　カ　感染したときは，自分だけでなく，相手も同時に治療を受ける必要がある。

　　キ　治療せずに放置すると，男女ともに不妊の原因になることがある。

　　ク　感染の不安があるときには，早期に医療機関で検査を受けることが必要である。

❹ エイズとその予防 エイズとその予防について，次の問いに答えなさい。　4点×7（28点）

よく出る (1) エイズについて，次の文の（　）に当てはまる言葉を答えなさい。

①（　　　　　　　）　②（　　　　　　　）　③（　　　　　　　）

④（　　　　　　　）　⑤（　　　　　　　）

　　（　①　）（ヒト免疫不全ウイルス）に感染することで（　②　）の働きが徐々に低下すると，さまざまな病気にかかりやすくなる。こうした病気を（　③　）という。（　①　）の感染経路には，感染者との（　④　）による感染，妊娠や出産による（　⑤　）感染，血液による感染がある。

(2) 次のうち，ヒト免疫不全ウイルスへの感染予防方法として適切なものを全て選びなさい。

　　　　　　　　　　　　　　　　　　　　　　　　　　（　　　　　　　）

　　ア　他人と握手をしない。　　　　　イ　他人の血液に触れない。

　　ウ　人ごみを避ける。　　　　　　　エ　性的接触を避ける。

　　オ　他人と一緒にプールに入らない。　カ　コンドームを正しく使用する。

(3) 次の文のうち，正しいものを選びなさい。 （　　　　　　　）

　　ア　日本では，20歳代の人のヒト免疫不全ウイルスへの感染は報告されていない。

　　イ　ヒト免疫不全ウイルスへの感染の検査や相談は，匿名（とくめい）・無料で受けることができる。

　　ウ　世界でのエイズ関連の死者数は，大幅（おおはば）に増加してきている。

保体メモ ❸性感染症と他の感染症の違いを整理しておこう。また，感染してしまったときには適切な対応ができるようにしよう。❹エイズについて，正しい知識を身に付けよう。

確認のワーク ステージ**1**

2 保健・医療機関の利用，社会の取り組み

教科書の要点 （　）にあてはまる語句を答えよう。

1 保健機関とその利用

(1) 人々の健康を保持増進したり，病気を予防したりするために，地域には保健所や保健センターなどの（① 　　　　）がある。

(2) （② 　　　　）は都道府県や政令市などが運営していて，食中毒や感染症の対策など，専門的で広い地域に対する活動を中心に行っている。

(3) （③ 　　　　）は市町村などが運営していて，健康診断，予防接種，健康相談など，地域住民への身近な活動を中心に行っている。

●保健所と保健センター

保健所
都道府県や政令市などが運営
専門的・広域的な保健サービス
食中毒の予防，感染症の予防
飼い犬の登録，狂犬病の予防　など

連携　指導・助言

保健センター
市町村などが運営
地域住民への身近な保健サービス
健康相談，予防接種，健康教室　など

おさえるポイント　・人々の健康を保持増進するために，地域には保健所，保健センターなどの保健機関がある。

2 医療機関とその利用

(1) 病気やけがなどをしたときに利用する（④ 　　　　）は，設備や規模などによって役割を分担している。

(2) 身近な（⑤ 　　　　）として，地域の診療所（クリニック）などが日常的な病気やけがの診療を行っている。

(3) 専門的な治療や入院が必要なときは，かかりつけ医の紹介を受けて，（⑥ 　　　　）を利用する。

それぞれの役割を理解して利用しないと，時間や費用が余分にかかってしまうことがあるんだね。

●さまざまな医療機関と利用の仕方

患者
・病気にかかったとき
・けがをしたとき

受診・相談　往診

かかりつけ医
診療所（医院・クリニックなど）　・日常的な病気やけがなどの診療
・病気，薬などについての相談

紹介　紹介

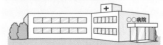
病院
大学病院，総合病院など　・入院治療
・高度な検査や専門外来
・救急医療

おさえるポイント
・医療機関は，設備や規模によって役割を分担している。
・日常的な診療を受けるために，身近にかかりつけ医をもつとよい。

❸ 医薬品の有効な使い方

(1) 医薬品には，病気の治療や予防に効果的な作用である（⑦　　　　　　）と，それ以外の好ましくない作用である（⑧　　　　　　）がある。

(2) 医薬品の副作用の現れ方は，使う人の（⑨　　　　　　）や病気の状態，使用方法などによって異なっている。

(3) 医薬品を効果的に使用するためには，医師の指示に従い，使用する回数や時間，量などの（⑩　　　　　　）を守って，正しく使用する必要がある。

(4) これまでに使用した薬などについて記録しておくものを（⑪　　　　　　）といい，病院や薬局で提示すると，一緒に飲んではいけない薬を別々の病院から処方されることを防いだり，医薬品について適切なアドバイスを受けたりすることができる。

●薬の飲み方

食後	食後30分以内
食間	食後2時間程度
食前	食前30分〜1時間

医薬品だけに頼るのではなく，栄養，休養・睡眠をとることも大切だよ。

おさえるポイント
・医薬品の作用には，主作用と副作用がある。
・医薬品を有効に利用するには，使用方法を守ることが必要である。

❹ 健康を守る社会の取り組み

(1) 健康を保持増進するためには，個人が主体的に努力するだけではなく，社会的な支援活動も必要である。このような考え方を（⑫　　　　　　）という。

(2) 国が定めた（⑬　　　　　　）という法律に基づいて，自治体では**健康増進計画**が策定され，健康診断や保健指導，健康教育などが行われている。

国では厚生労働省が，地域では保健所や保健センターが中心となって社会的な支援活動をしているよ。

日本赤十字社などの民間団体や，世界保健機関（WHO）などの国際組織も活動を行っているね。

おさえるポイント
・健康を保持増進するためには，個人の努力と社会的な活動が必要である。

教科書チェック★ 考えてみよう　次のうち，正しいものには○，間違っているものには×をつけよう。

❶（　　）保健所は，市町村が運営している保健機関である。

❷（　　）診療所（クリニック）と総合病院は，設備や規模に違いはあるが，役割に違いはない。

❸（　　）自分が処方された薬は，同じ症状がある家族であってもあげてはいけない。

❹（　　）処方箋がなくても自分で選んで購入できる医薬品がある。

定着のワーク **ステージ2**

2　保健・医療機関の利用，社会の取り組み

解答 p.10

/100

①　保健・医療機関の利用　健康を保持増進するための機関の利用について，次の問いに答えなさい。

4点×4(16点)

(1)　人々の健康を保持増進し，病気を予防するための役割を担っている機関を何というか。

(　　　　　　　　　)

(2)　(1)のうち，都道府県や政令市などが運営している機関を何というか。

(　　　　　　　　　)

(3)　(1)のうち，市町村などが運営している機関を何というか。（　　　　　　　　　）

(4)　(1)の機関が行っている次の活動のうち，(2)の機関が行っている活動を全て選びなさい。

(　　　　　　　　　)

ア　保健指導　　　イ　食中毒の予防　　　ウ　感染症の予防　　　エ　狂犬病の予防

オ　予防接種　　　カ　飼い犬の登録　　　キ　健康相談　　　　　ク　健康教室

②　保健・医療機関の利用　病気やけがをしたときなどに利用する機関について，次の問いに答えなさい。

4点×7(28点)

(1)　病気の診察や治療，検査などを行っている機関を何というか。　（　　　　　　　　　）

(2)　(1)の機関は，大きく診療所(クリニック)と病院の2つに分けられる。次の文のうち，診療所に当てはまるものにはア，病院に当てはまるものにはイと答えなさい。

①　ベッドが20床以上ある，規模の大きい機関である。　　　（　　　　　　）

②　日常的な診療や健康管理を行ってくれる，身近な機関である。　（　　　　　　）

③　専門的な治療や入院が必要なときに利用する機関である。　（　　　　　　）

(3)　次の文の(　)に当てはまる言葉を答えなさい。

①(　　　　　　　　) ②(　　　　　　　　)

　　　病気やけがの状態に応じて適切な治療を受けるためには，身近に（　①　）をもつとよい。そして，必要に応じて（　①　）からの（　②　）を受けて適切な機関を利用する。

(4)　次の文のうち，正しいものを全て選びなさい。　　　（　　　　　　　　　）

ア　病気やけがをしたが何科を受診すればよいかわからないときは，多くの診療科がある総合病院に行くとよい。

イ　各機関の役割を理解せずに利用すると，診療までに時間がかかったり，費用の負担が増えたりすることがある。

ウ　心身の状態が不調なときは，できるだけ早く受診し，早期に治療を開始することが重要である。

エ　救急車はけが人や急病人であれば誰でも利用できるので，軽症の患者が利用することに問題はない。

保体メモ　❶❷保健機関や医療機関がどのような役割を担っているのか整理しておこう。そして，自分や周囲の人の保健機関・医療機関の利用方法が適切かどうか，考えてみよう。

③ 医薬品の利用 医薬品の利用について，次の問いに答えなさい。　5点×8(40点)

(1) 医薬品の主作用とはどのような作用か。
（　　　　　　　　　　　　　　　　　　　　　　　　　　　）

(2) (1)に対し，副作用とはどのような作用か。
（　　　　　　　　　　　　　　　　　　　　　　　　　　　）

(3) 医薬品にはいろいろな種類がある。次の医薬品は，内用剤，外用剤のどちらか。それぞれ答えなさい。
① 錠剤，カプセル剤，散剤(粉薬)など　　　　　　（　　　　　）
② 軟こう剤，吸入剤，点眼剤など　　　　　　　　（　　　　　）

(4) 薬の飲み方について，次の( )に当てはまる言葉を，下の〔 〕から選んで答えなさい。
①（　　　　　）②（　　　　　）

● 食後…（ ① ）以内　　● 食間…（ ② ）程度
● 食前…食前30分〜60分程度

〔
食事中　　　食後10分　　　食後30分
食後1時間　　食後2時間　　食後3時間
〕

(5) 右の図は，自分が使用した薬の名前や量，使用時期などを記録するためのものである。これを何というか。
（　　　　　　　　　）

医師・歯科医師・薬剤師に毎回ご提示ください。

手帳は必ず1冊にまとめましょう。正確な飲み合わせをチェックできます。

氏名

(6) 次の文のうち，正しいもの全てに○をつけなさい。
①（　　）副作用の現れ方は，使う人の体質や病気の状態，使い方などによって違う。
②（　　）医薬品は，使用方法を守って正しく使う必要がある。
③（　　）病気になったときは，医薬品を正しく使っていれば，栄養，休養・睡眠をきちんととらなくてもよい。
④（　　）OTC薬とは，自分で選んで購入できる医薬品である。
⑤（　　）保健機能食品は医薬品ではない。

④ 社会の取り組み 健康を守るための社会の取り組みについて，次の問いに答えなさい。
4点×4(16点)

(1) 健康を保持増進するためには，個人の努力と，それを支援する社会的な取り組みが必要である。このような考え方を何というか。（　　　　　　　）

(2) 国民の健康増進を目的として，国民，地域，国が取り組むべき責務が定められている法律を何というか。（　　　　　　　）

(3) 健康を守るために，国では何という省庁が中心となって活動を行っているか。
（　　　　　　　）

(4) 民間団体や国際組織も予防接種や災害支援などのさまざまな保健活動を行っている。このような取り組みを行う民間団体や国際組織を1つ答えなさい。（　　　　　　　）

保体メモ
③医薬品を適切に使用できているか，使用方法を正しく理解しているか，もう一度整理しておこう。
④住んでいる地域で行われている取り組みについて調べてみよう。

解答 p.11

確認のワーク ステージ **1** 1 環境と適応能力

教科書の要点 ( )にあてはまる語句を答えよう。

1 体の適応能力

(1) 私たちの体は，気温や空気中の酸素濃度などの周りの環境が変化したときに，諸器官を働かせて体内の状態を一定に保とうとする。これを（① ）といい，このような能力を（② ）という。この能力は，周りの環境からの影響を受けることによって高まっていく。

●気温の変化と体の変化

暑いとき		寒いとき	
体で起きていること	その効果	体で起きていること	その効果
筋肉の緊張を緩める。	熱の発生を抑える。	体が震える（筋肉が緊張する）。	熱の発生を高める。
汗を出す。	熱の放射を高める。	体を縮める。	熱の放射を抑える。

おさえるポイント ・私たちの体には，周りの環境の変化に対応する適応能力がある。

2 適応能力の限界

(1) 私たちの体の適応能力には限界が（③ ）。そのため，環境の変化が非常に大きいときや急激なときには，健康に重大な影響が現れることがある。

(2) 非常に暑い日など，暑さに対応できなかったときには，（④ ）になることがある。体温が上がりすぎると，意識が消失し，生命に危険が及ぶこともある。屋内や屋外に関わらず，起こることがある。

(3) 冬に山や海で遭難をしたときなど，寒さに対応できなかったときには，（⑤ ）になることがある。体温が下がりすぎると，意識が消失し，生命に危険が及ぶこともある。

酸素濃度の低い高地では，頭痛や目まい，呼吸困難などの高山病に注意が必要だよ。

●熱中症になるとき

激しい運動をしたとき，非常に暑いときなどに体温が上昇する。

↓

熱の放射 熱の放射

汗が出ないなど体のバランスが崩れる。

↓

体に熱がたまって，体温が上昇しすぎる。

おさえるポイント ・体の適応能力には限界があるため，環境の変化が大きすぎると生命に危険が及ぶこともある。

❸ 活動に適した温度や湿度

(1) 私たちは，暑さや寒さを，気温・
（⑥　　　　　　　　）・気流の組み合わせ
└─ 温熱条件という。
で感じている。

(2) 暑すぎたり寒すぎたりせず，活動に適
した温度の範囲を（⑦　　　　　　　）と
いう。この範囲を超えると，学習の能率
やスポーツの記録が低下したり，体調を
崩したりすることがある。

(3) 至適温度には個人差があるので，
（⑧　　　　　　　），窓の開閉，冷暖房
の使用などで調節するとよい。

●暑さ・寒さの感じ方

気温	暑く感じる。　　寒く感じる。
湿度	湿度が高いと，汗が蒸発しにくく，体に熱がたまりやすい。
気流	気流があると，汗が蒸発しやすく，体の熱が奪われやすい。

おさえるポイント
・暑さや寒さは，気温・湿度・気流の組み合わせから感じている。
・活動に適した温度の範囲を至適温度という。

❹ 活動に適した明るさ

(1) 明るさ（照度）は（⑨　　　　　　　）と
いう単位で表される。

(2) 明るさが不十分な場所や，明るすぎる
場所で学習や作業を行うと，目が
（⑩　　　　　　　）て，学習や作業の能
率が下がる。

(3) 学習や作業の内容に適した明るさにな
るように，カーテンを開閉したり
（⑪　　　　　　　）を利用したりして調
節するとよい。

●明るさの基準

明るさ〔ルクス〕＼場所	学校	家庭
750	製図室	勉強
500	被服教室，コンピュータ教室，実験実習室，図書閲覧室，保健室	居間（読書），コンピュータを用いた作業
300	教室，体育館，職員室	食卓，調理台
200	トイレ，洗面所	コンピュータゲーム
150	階段	
100	廊下	

（学校環境衛生基準，日本産業規格「照明基準」より）

おさえるポイント
・学習や作業の内容に応じた，適切な明るさがある。

教科書チェック★ 考えてみよう 次のうち，正しいものには○，間違っているものには×をつけよう。

❶（　　）熱中症を防ぐためには，気象情報の適切な利用が有効である。

❷（　　）冷暖房に頼りすぎると，外気温の変化に対する適応能力が低下することがある。

❸（　　）至適温度は活動の種類と季節によって決まっていて，個人差はない。

❹（　　）明るすぎて目が疲れることはない。

定着のワーク ステージ**2**

1 環境と適応能力

解答 p11

/100

1 **体の適応能力** 私たちの体と環境について，次の問いに答えなさい。 4点×4（16点）

(1) 周りの環境が変化したときに，体の諸器官を働かせてその変化に対応しようとすることを何というか。 （　　　　　）

(2) (1)の能力のことを何というか。 （　　　　　）

(3) 次の文は，暑いときや寒いときの体の反応を表したものである。暑いときの反応を表しているものを全て選びなさい。 （　　　　　）

ア 皮膚近くの血管を縮める。
イ 皮膚近くの血管を広げる。
ウ 筋肉が緊張する。
エ 筋肉の緊張を緩める。
オ 体を縮める。

記述 (4) 暑いときに，体が(3)の反応をしたり汗が出て蒸発したりすることによって，どのような効果があるか。簡単に答えなさい。

（　　　　　　　　　　　　　　　　　　　）

2 **適応能力の限界** 適応能力の限界について，次の問いに答えなさい。 4点×4（16点）

よく出る (1) 暑さに適応できずにかかる病気を何というか。 （　　　　　）

(2) (1)の病気について，次の文のうち，正しいものを全て選びなさい。 （　　　　　）

ア 最高気温が30℃を超えるような，非常に暑い日にだけかかる。
イ 屋内にいるときにかかることはない。
ウ 体温が41℃以上になると，意識がなくなり，死に至ることもある。
エ 予防には，暑さを避け，水分をとらないことが大事である。
オ 暑さ指数（WBGT）を参考にしながら，無理な運動をしないことが必要である。
カ 疑わしい症状が現れたら，速やかに涼しいところに移動し，体を冷やすなどの応急手当を行うことが重要である。

(3) 冬に山や海で遭難したときなど，寒さに適応できずにかかる病気を何というか。 （　　　　　）

(4) (3)の病気について，次の文のうち，正しいものを全て選びなさい。 （　　　　　）

ア 体温が低下すると，意識がなくなり，凍死することもある。
イ 防止には，気象情報を適切に利用することが有効である。
ウ 気温が高くても，多量の汗をかくとかかることがある。

保体メモ ❶(4)暑いときに汗をかくというのは，体にとって重要なことなんだね。❷適応能力には個人差があるよ。(1)や(3)の病気にならないためにはどうしたらよいか，考えてみよう。

③ **活動に適した温度**　暑さや寒さについて，次の問いに答えなさい。　4点×6(24点)

(1) 暑さや寒さの感じ方には，3つの条件の組み合わせが関係している。その3つとは何か。

（　　　　　　　　）（　　　　　　　　）（　　　　　　　　）

(2) 活動に最も適した温度の範囲のことを何というか。　（　　　　　　　　）

(3) 暑すぎたり寒すぎたりする場合，何によって調節するとよいか。冷暖房の使用以外の方法を1つ答えなさい。　（　　　　　　　　）

記述 (4) 冷暖房に頼り，快適な環境で生活をし続けると，私たちの体にどのような問題が起こる可能性があるか。簡単に答えなさい。

（　　　　　　　　　　　　　　　　　　　　　　　　　　　）

3年
保健編 6章

④ **活動に適した明るさ**　右の図は，教室の明るさを調べている様子である。次の問いに答えなさい。

4点×4(16点)

(1) 明るさ(照度)は何という単位で表されるか。

（　　　　　　　　）

(2) 図で使用している，明るさを測定する機器を何というか。　（　　　　　　　　）

(3) 明るさは何によって調整するとよいか。その方法を1つ答えなさい。

（　　　　　　　　）

(4) 次のうち，教室よりも明るくしたほうがよい場所を全て選びなさい。

（　　　　　　　　）

ア　階段　　　　イ　コンピュータ教室　　ウ　トイレ
エ　図書閲覧室　オ　被服教室　　　　　　カ　廊下

⑤ **総合問題**　次の文のうち，正しいものには○，間違っているものには×をつけなさい。

4点×7(28点)

① (　　) 適応能力は，周りの環境からの影響を受けることで弱くなっていく。

② (　　) 標高の高いところで行う，酸素の運搬能力が上がることを期待したスポーツトレーニングを，高地トレーニング(高所トレーニング)という。

③ (　　) 標高の高いところでは，酸素濃度の低下による高山病(こうざんびょう)に注意が必要である。

④ (　　) 適応は，自律神経の働きによるもので，生命の維持には特に必要のない働きである。

⑤ (　　) 一般的に，乳幼児は適応能力が高いが，高齢者(こうれいしゃ)は適応能力が低い。

⑥ (　　) 暑すぎたり寒すぎたりすると，学習や作業の能率が低下したり，スポーツの記録が低下したりする。

⑦ (　　) 明るすぎたり暗すぎたりすると，目が疲れ，視力低下の原因となる。

保体メモ　**③④** 家庭の環境が学習や作業に適したものになっているか，確かめよう。適切でない場合には，どのように調節すればよいか，考えてみよう。

確 ステージ❶
認 のワーク

2 空気と水

解答 p.11

教科書の要点 （　）に当てはまる語句を答えよう。

❶ 室内の空気

(1) 私たちが呼吸をしたり，物が燃えたりすると，
(① 　　　　　　　)が発生する。

(2) 空気中の二酸化炭素の濃度が(② 　　　　　　)
すると，頭痛や目まいがしたり，気分が悪くなった
りすることがある。

(3) 多くの人がいて二酸化炭素が増えているような部
屋では，ちりやほこり，細菌などが増えているため，
二酸化炭素の濃度は空気の(③ 　　　　　　)を知
る指標となっている。

●二酸化炭素の濃度と体への影響

濃度〔%〕	影響
1～2	不快感
3～4	呼吸数・脈拍数の増加，血圧の上昇，頭痛，目まい
6	呼吸困難
7～10	数分で意識がなくなり死亡

（中央労働災害防止協会「化学物質の危険・有害便覧」）

おさえる
ポイント
・二酸化炭素の濃度は，空気の汚れを知る指標となっている。

❷ 一酸化炭素

(1) 物が不完全燃焼すると，(④ 　　　　　　　　　)が発生する。
　　　　　　　　　　　　　　　　　　　　　　　　　　無色無臭の気体。

(2) **一酸化炭素**は，体内に入ると，酸素と赤血球中の(⑤ 　　　　　　)との結合を妨げる
ため，酸素が欠乏し，(⑥ 　　　　　　)を引き起こす。その結果，目まいや頭痛などが
起こり，ひどいときには死に至ることもある。

(3) 室内の空気をきれいに保つためには，(⑦ 　　　　　　　　)をすることが必要である。

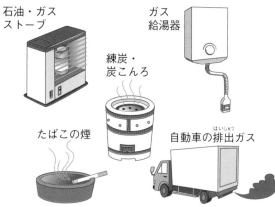

●一酸化炭素の発生源

石油・ガスストーブ
ガス給湯器
練炭・炭こんろ
たばこの煙
自動車の排出ガス

●一酸化炭素の濃度と体への影響

濃度〔%〕	吸入時間	影響
0.02	2～3時間	軽い頭痛
0.04	1～2時間	頭痛，吐き気
0.08	45分間	頭痛，目まい
	2時間	意識不明
0.16	20分間	頭痛，目まい
	2時間	死亡
0.32	5～10分間	頭痛，目まい
	30分間	死亡
0.64	1～2分間	頭痛，目まい
	15～30分間	死亡
1.28	1～3分間	死亡

（日本ガス協会の資料より）

おさえる
ポイント
・一酸化炭素は，体内に入ると酸素とヘモグロビンの結合を妨げるため，酸素不足になり，
一酸化炭素中毒を引き起こす。

❸ 水の役割

(1) 人間の体重の60〜70%は（⑧　　　　　　　　）である。

(2) 体内の水分は，栄養物質や酸素の運搬，（⑨　　　　　　　　　　）の排出，（⑩　　　　　　　　）の調節，血液の濃度の調節など，生命の維持のために重要な働きをしている。

● 体の水分の出入り

体内に入る水分　2.5L

飲み物　　　…約1200mL
食べ物の水分…約1000mL
体内でつくられる水分
　　　　　　　…約300mL

体外に出る水分　2.5L

尿・便　…約1600mL
呼吸・汗…約900mL

（環境省「熱中症環境保健マニュアル」より）

(3) 水は，飲料水としてだけでなく，（⑪　　　　　　　），水洗トイレ，洗濯，炊事などの生活用水としても利用されている。また，農業や工業で使う産業用水としても利用されていて，私たちの生活になくてはならないものである。

おさえるポイント
・水は，私たちの生活になくてはならないものである。

❹ 飲料水の確保

(1) 取水した水は，（⑫　　　　　　　）でごみや細菌を取り除くなどの**浄水処理**がなされる。そして，（⑬　　　　　　　）を満たしていることを**水質検査**によって確認したうえで，各家庭に上水道の水として供給されている。

● 安全な水が供給されるまで

ダムなど　　　　　　　　　　　浄水場　　　　　　　　　　　　家庭など
取水　→　浄水処理　→　水質検査　→　給水

有害な物質や病原生物が混入すると，重大な健康被害が起こるよ。

おさえるポイント
・浄水場でごみや細菌を取り除き，水質検査を行って水質基準を満たした水が供給されている。

教科書チェック★ 考えてみよう 次のうち，正しいものには○，間違っているものには×をつけよう。

❶（　　）暖房器具がある部屋では，空気がきれいに保たれるため，換気は必要ない。

❷（　　）一酸化炭素は無色無臭なので，発生しても気づかないことがある。

❸（　　）体内に入る水分量と，体外に出される水分量は，ほぼ同じである。

❹（　　）井戸水はきれいなので，水質検査をしなくても飲料水に利用してよい。

定着のワーク ステージ**2**　　**2　空気と水**

❶ 二酸化炭素　二酸化炭素について，次の問いに答えなさい。　　3点×5(15点)

(1) 私たちが呼吸をしたり物を燃やしたりしたときに，使われる気体は何か。
（　　　　　　）

(2) 私たちが呼吸をしたり物を燃やしたりしたときに，発生する気体は何か。
（　　　　　　）

(3) 学校環境衛生基準では，二酸化炭素の濃度は何%以下が望ましいとされているか。次の**ア〜エ**から選びなさい。
（　　　　　　）

　ア 0.05%　　**イ** 0.15%　　**ウ** 0.25%　　**エ** 0.35%

(4) 次の文の(　)に当てはまる言葉を答えなさい。
①（　　　　　　）　②（　　　　　　）

　　多くの人がいて，二酸化炭素の濃度が上昇している部屋では，（　①　）や湿度が上昇し，ちりやほこり，病原体などが増えている。そのため，二酸化炭素の濃度は，室内の（　②　）を知る指標となっている。

❷ 一酸化炭素　一酸化炭素について，次の問いに答えなさい。　　4点×8(32点)

(1) 一酸化炭素に，においや色はあるか。次の**ア〜エ**から選びなさい。　（　　　　　　）

　ア においも色もある。　　　　　　**イ** においはあるが，色はない。
　ウ においはないが，色はある。　　**エ** においも色もない。

(2) 一酸化炭素の発生源にはどのようなものがあるか。1つ答えなさい。
（　　　　　　）

(3) 学校環境衛生基準では，一酸化炭素の濃度は何%以下となっているか。次の**ア〜エ**から選びなさい。
（　　　　　　）

　ア 0.001%　　**イ** 0.01%
　ウ 0.1%　　　**エ** 1%

よく出る (4) 一酸化炭素は，体内(血液中)に入ると何と結びつくか。解答らんに合うように答えなさい。
（　　　　中の　　　　　）

(5) 一酸化炭素が(4)の物質と結びつくと，体の細胞では何が不足するか。
（　　　　　　）

(6) 体の細胞で(5)が不足するようになると，何という状態を引き起こすか。
（　　　　　　）

(7) 室内の空気をきれいに保つためには，換気が必要である。適切な換気の方法を2つ答えなさい。
（　　　　　　）
（　　　　　　）

保体メモ ❶二酸化炭素の濃度が高くなりすぎると，意識がなくなり，死に至ることもあるんだ。
❷(7)家庭や学校ではどのように換気が行われているのか，確かめよう。

❸ 水の役割 水の役割について，次の問いに答えなさい。 4点×8(32点)

(1) 人間の体重のおよそ何％が水分か。次のア～エから選びなさい。 （　　）

　ア　20～30％　　イ　40～50％　　ウ　60～70％　　エ　80～90％

よく出る (2) 人間の体内の水分は，生命の維持や健康のためにどのような役割を果たしているか。2つ答えなさい。
（　　　　　　　　　　　）
（　　　　　　　　　　　）

(3) 人間の体は，生命を維持するために一日当たりどのくらいの水分が必要か。次のア～エから選びなさい。 （　　）

　ア　1～1.5L　　イ　2～2.5L　　ウ　3～3.5L　　エ　4～4.5L

(4) 私たちは，何によって水分を体内に取り入れているか。飲み物以外に1つ答えなさい。
（　　　　　　　　　　　）

(5) 私たちは，何によって水分を体外へ排出しているか。尿や便以外に1つ答えなさい。
（　　　　　　　　　　　）

(6) 私たちは，生活の中で水を何に使用しているか。飲料用以外に2つ答えなさい。
（　　　　　　　）（　　　　　　　）

❹ 飲料水の確保 次の図は，私たちが上水道の水を利用するまでの仕組みを表したものである。あとの問いに答えなさい。 3点×7(21点)

㋐　　　　　　㋑

取水　→　A　→　B　→　給水

(1) 図の㋐，㋑はそれぞれ何という施設を表しているか。
㋐（　　　　　　　）　㋑（　　　　　　　）

(2) 次の文は，図のAについて述べたものである。（　）に当てはまる言葉を，下の〔　〕から選んで答えなさい。　　①（　　　　　）　②（　　　　　）

　　ごみや（ ① ）などを取り除き，塩素によって（ ② ）する処理が行われる。

〔 蒸発　消毒　検査　酸素　細菌 〕

(3) 図のBに当てはまる言葉を答えなさい。 （　　　　）

(4) 図のBでは，何を満たしていることを確認しているか。 （　　　　）

(5) 次の文のうち，正しいものを選びなさい。 （　　）

　ア　飲料水に有毒な物質や病原体が混入すると，重大な健康被害が起こる。

　イ　世界中で，同じ基準を満たした安全な水道水が各家庭に供給されている。

　ウ　日本では，水の使用量が少ないので水不足に悩まされる心配はない。

保体メモ ❸体内の水分は一定に保たれているんだね。(6)水はいろいろな場面で使われているよ。
❹(4)法律で定められているよ。(5)安全な水の確保は，世界的に重要な課題になっているんだ。

解答 p.12

確認のワーク ステージ**1**

3 生活排水やごみの処理, 環境の汚染と保全

教科書の要点 ( )に当てはまる語句を答えよう。

1 生活排水の処理

(1) 水洗トイレから出されるし尿を含んだ水と，台所や風呂から出される生活雑排水を合わせて，(①)という。

(2) し尿には病原性の微生物がいる場合があり，(②)に含まれる洗剤，生ごみ，油などは水質汚濁の原因になる。そのため，生活排水は適切に処理される必要がある。

●水を汚さないための工夫

洗剤，シャンプー，せっけんなどを使いすぎない。

油を流さない。
古紙
凝固剤

生ごみを流さない。
水切り袋

(3) (③)が完備されている地域では，生活排水は(④)で処理されている。

(4) 下水道が完備されていない地域では，し尿の大部分は(⑤)などで処理されるが，生活雑排水はそのまま川や海に流されることもある。現在，し尿と生活雑排水を一緒に処理できる(⑥)の整備が進められている。

●生活排水の処理

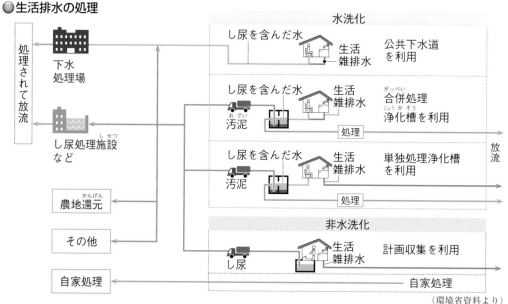

(環境省資料より)

おさえるポイント
・し尿を含んだ水と生活雑排水を合わせて生活排水という。
・下水道が完備されている地域の生活排水は，下水処理場で処理される。

② ごみの処理

(1) ごみは，放置すると環境や健康に悪影響を与えるため，（⑦　　　　　　　　）的に処理される必要がある。

(2) 家庭からのごみは，（⑧　　　　　　　　）や住民団体などによって回収され，資源化，焼却，最終処分場への埋め立てなどによって処理される。

(3) ごみによる環境問題や健康問題，資源の枯渇の問題などから，リデュース，リユース，リサイクルを合わせた（⑨　　　　　　　　）の実行が推進されている。このような，限りある資源を有効に使う社会を（⑩　　　　　　　　）といい，その実現が求められている。

> リデュースはごみの発生抑制，リユースは再使用，リサイクルは再生利用のことだよ。

おさえるポイント
・リデュース，リユース，リサイクルを合わせた3Rが推進されている。
・資源を有効に利用する循環型社会を目指すことが求められている。

③ 環境の汚染

(1) 日本では，かつて大量の汚染物質が出されたことが原因で（⑪　　　　　　　　）が発生し，人々の健康に大きな被害を与えた。

(2) 現在では，環境汚染を防ぐために（⑫　　　　　　　　）という法律が定められ，対策を行っている。

●大気汚染物質と健康への影響

汚染物質	健康への影響
硫黄酸化物	気管支炎，ぜんそくなど→四日市ぜんそく
窒素酸化物	呼吸器の抵抗力の低下など

●水質汚染物質と健康への影響

汚染物質	健康への影響
有機水銀	頭痛，不眠，神経痛，言語障害など→水俣病，新潟水俣病
カドミウム	腎臓障害や骨軟化症など→イタイイタイ病
シアン	けいれん，意識障害，呼吸停止など

おさえるポイント
・日本でも，公害によって深刻な健康被害が発生した。
・現在では，環境基本法が定められ，環境汚染を防ぐ対策が行われている。

教科書チェック★ 考えてみよう 次のうち，正しいものには○，間違っているものには×をつけよう。

❶（　　）下水道の完備されている地域では，水を汚さない工夫をする必要はない。

❷（　　）牛乳パックからトイレットペーパーをつくることは，リユースといえる。

❸（　　）ごみの分別回収は，ごみの種類に応じた適切な処理のために行われている。

❹（　　）汚染物質が人の体内に入ると，健康に悪影響を及ぼす。

3年　保健編　6章

定着のワーク　ステージ❷

3　生活排水やごみの処理, 環境の汚染と保全①

解答 p.12

／100

❶　生活排水　生活排水について, 次の問いに答えなさい。　4点×5(20点)

(1) 次の文の( )に当てはまる言葉を, 下の〔 〕から選んで答えなさい。

①( )　②( )　③( )

　水洗トイレから出される排水を (①) といい, 台所や風呂などから出される排水を (②) という。(①) と (②) を合わせて (③) という。

〔　生活排水　　し尿　　生活雑排水　〕

(2) し尿を含んだ水について, 次の文のうち, 正しいものを選びなさい。　( )

　ア　悪臭が放たれることはない。

　イ　病原性の微生物は含まれていないので, 感染症には関係がない。

　ウ　衛生的に処理される必要がある。

(3) 生活雑排水について, 次の文のうち, 正しいものを選びなさい。　( )

　ア　環境に影響を及ぼす物質は含まれていない。

　イ　水質汚濁の原因となる。

　ウ　衛生的に処理される必要はない。

❷　生活排水の処理　生活排水の処理について, 次の問いに答えなさい。　4点×6(24点)

(1) 下水道が完備されている地域では, 生活排水は何という施設で処理されているか。

( )

(2) 下水道が完備されていない地域では, し尿は何という設備によって処理されているか。

( )

(3) (2)の設備で処理されたし尿の大部分は, 直接収集されて, ある施設で処理されてから川や海に放流されている。この施設を何というか。　( )

(4) (2)の設備を使用している地域では, 生活雑排水はどのように処理されるか。次のア〜ウから選びなさい。　( )

　ア　すべてが(1)の施設で処理される。

　イ　すべてが(3)の施設で処理される。

　ウ　未処理のまま, 川や海に放流されることがある。

(5) (2)の設備のうち, し尿と生活雑排水を一緒に処理できるものを何というか。

( )

(6) (5)の設備で処理された汚泥の大部分は, 収集された後, どのように処理されるか。次のア〜ウから選びなさい。　( )

　ア　(1)の施設で処理される。　　イ　(3)の施設で処理される。

　ウ　未処理のまま, 川や海に放流される。

保体メモ　❷自分の住んでいる地域では生活排水がどのように処理されているのか, 調べてみよう。また, 処理施設がどこにあるのか, 確認してみよう。

記述 ③ 下水を汚さない工夫 生活排水によって下水を汚すことを防ぐためには，どのようなことをすればよいか。2つ答えなさい。 4点×2（8点）

（　　　　　　　　　　　　　　　　　　　　）
（　　　　　　　　　　　　　　　　　　　　）

④ 私たちの生活とごみ ごみについて，次の問いに答えなさい。 4点×3（12点）

(1) 私たちは，1日に1人当たりどのくらいのごみを排出しているか。次の**ア～エ**から選びなさい。（　　　）

ア　100g　　イ　500g　　ウ　1kg　　エ　5kg

(2) 私たちの生活で出たごみは，誰によって収集されているか。次の**ア～エ**から当てはまるものを全て選びなさい。（　　　）

ア　国　　イ　都道府県　　ウ　市町村　　エ　地域住民団体

(3) 収集されたごみは，どのように処理されるか。次の**ア～オ**から当てはまるものを全て選びなさい。（　　　）

ア　焼却　　イ　海洋投棄　　ウ　再利用　　エ　埋め立て　　オ　資源化

⑤ ごみの減量 ごみの減量について，次の問いに答えなさい。 4点×9（36点）

よく出る(1) 限りある資源を有効に使う社会のことを何というか。（　　　　　）

(2) (1)の社会を実現するための行動について，次の文の（　）に当てはまる言葉を答えなさい。ただし，②～④はカタカナで答えなさい。

①（　　　　　）　②（　　　　　）
③（　　　　　）　④（　　　　　）

(1)の社会の実現には，（ ① ）を実行することが大切である。（ ① ）は，次の3つの行動からなる。

・（ ② ）…買い物のときにマイバッグを利用するなど。
・（ ③ ）…着なくなった服を必要な人に譲るなど。
・（ ④ ）…ペットボトルを資源回収に出すなど。

(3) (2)の②～④を別の言い方にするとどうなるか。それぞれ次の**ア～エ**から選びなさい。

②（　　　）③（　　　）④（　　　）

ア　再生利用　　イ　再使用　　ウ　資源利用の減量　　エ　ごみの発生抑制

(4) 次の行動のうち，(2)の②に当てはまるものを全て選びなさい。（　　　）

ア　包装用紙をできるだけ使用しない。
イ　使わなくなったものを，フリーマーケットを通して売る。
ウ　詰め替え用商品を購入する。
エ　ごみの分別回収に協力する。
オ　壊れたものを修理して使用する。

保体メモ ④自分の住んでいる地域では，ごみをどのように分別し，どのように処理されているか調べてみよう。⑤ごみを減らすためにできる取り組みを考えてみよう。

定着のワーク ステージ2

3 生活排水やごみの処理, 環境の汚染と保全②

解答 p.12

/100

1 **環境の汚染** 環境の汚染について, 次の問いに答えなさい。 4点×12(48点)

(1) 日本において, 公害による被害が全国各地で問題となったのはいつ頃か。次のア～ウから選びなさい。 ( )

ア 1900年代頃 イ 1950年代頃 ウ 2000年代頃

記述 (2) (1)の頃に発生した公害の原因は何か。簡単に答えなさい。

( )

(3) 次の表は, 主な環境汚染物質と健康への影響, 代表的な公害を表したものである。表の( )に当てはまる言葉を, 下の〔 〕のア～ケから選びなさい。

①( ) ②( ) ③( ) ④( ) ⑤( )
⑥( ) ⑦( ) ⑧( ) ⑨( )

(①)汚染物質と健康への影響

汚染物質	健康への影響
(②)酸化物	気管支炎, ぜんそくなど→(③)
(④)酸化物	呼吸器の抵抗力の低下など

(⑤)汚染物質と健康への影響

汚染物質	健康への影響
(⑥)	頭痛, 不眠, 神経痛, 言語障害など →(⑦)
(⑧)	腎臓障害や骨軟化症など→(⑨)
シアン	けいれん, 意識障害, 呼吸停止など

〔
ア カドミウム イ 硫黄 ウ 大気
エ 水質 オ 窒素 カ 有機水銀
キ イタイイタイ病 ク 四日市ぜんそく ケ 水俣病・新潟水俣病
〕

(4) 次の文のうち, 正しいものを全て選びなさい。 ( )

ア 地盤沈下や騒音による被害も公害となることがある。

イ 深刻な被害をもたらした公害は, 住民運動や公害対策基本法に基づく対策などによって, 少しずつ改善されてきた。

ウ 環境汚染を防ぐため, 国は環境基本法を定め, 自治体とともに対策を行っている。

エ 国や自治体が十分な対策を行っているため, 私たち一人一人は環境汚染を防ぐための対策を行わなくても問題ない。

オ 環境汚染には, 国境を越えて広がることがないので, 各国が対策を行っていれば地球規模での対策を考える必要はない。

保体メモ **❶**環境汚染と汚染物質が, 私たちの体にどのような影響を与えるのか整理しておこう。また, 公害が全国各地で問題となった頃はどんな時代だったのか, 考えてみよう。

2 近年の環境問題 環境問題について，次の問いに答えなさい。 4点×4（16点）

(1) 近年は，微小粒子状物質による健康への悪影響も問題になっている。この微小粒子状物質を何というか。アルファベットと数字を使って答えなさい。（　　　　）

記述 (2) (1)の物質に関する注意喚起が出たら，どのように行動するとよいか。1つ答えなさい。
（　　　　）

(3) 世界の気温が少しずつ上昇している問題を何というか。（　　　　）

記述 (4) 世界の気温が少しずつ上昇することで，健康にどのような影響があると心配されているか。1つ答えなさい。
（　　　　）

3 放射線と健康 放射線と健康について，次の問いに答えなさい。 4点×9（36点）

(1) 次のことを何というか。それぞれ下の〔　〕から選んで答えなさい。

① X線，α線、β線，γ線などのこと。（　　　　）
② ①を出す物質。（　　　　）
③ ①を出す能力。（　　　　）
④ ①を受けること。（　　　　）
⑤ 体外にある②から①を受けること。（　　　　）
⑥ ②を含む空気を吸ったり，②を含む飲食物を食べたりすることで②が体内に入り，①を受けること。（　　　　）
⑦ ①が人体に与える影響の大きさを表すのに用いる単位。（　　　　）
⑧ 物質に含まれる②の量を表す単位で，③の強さを表すときに用いる。
（　　　　）

〔　ベクレル　　シーベルト　　外部被ばく　　内部被ばく
　　被ばく　　放射性物質　　放射線　　放射能　〕

(2) 次の文のうち，正しいものを全て選んで○をつけなさい。

①（　）飛行機で移動するとき，自然界からの放射線を受けている。
②（　）病院でX線検査を受けることにより，放射線を受けている。
③（　）外を散歩するだけでは，自然界からの放射線を受けることはない。
④（　）放射線を受ける量が多くなるほど，がんになるリスクが低くなる。
⑤（　）放射線を扱う施設に勤める人は専門家ばかりなので，被ばくを防ぐための厳格な管理は必要ない。
⑥（　）原子力発電所の周辺では，環境への影響を監視するために放射線を測定する設備が設置されている。
⑦（　）放射性物質を扱う施設で事故が起きたときには，正確な情報をもとに，身を守るための適切な行動をとる必要がある。
⑧（　）福島県では，原子力発電所の事故により，根拠のない思い込みから生じる風評によって大きな被害が発生した。

保体メモ ❷近年の環境問題にどのようなものがあるのか調べてみよう。そして，自分たちにできることを考えてみよう。❸放射線について，正しい知識を身に付けよう。

確認のワーク ステージ **1**

1 新体力テスト・集団行動

解答 p.13

教科書の要点 ( )に当てはまる語句を答えよう。

1 基本の知識

⬤ **新体力テスト**

(1) 文部科学省の**新体力テスト**は,(①)の方法として現在広く行われている。

(2) 体力測定を行うことで自分の(②)の様子を知り,目的に合ったスポーツや運動の行い方を選択することができる。

⬤ **新体力テストの項目**

項目	体力の要素	記録	得点
握力	筋力	kg	
上体起こし	筋力・筋持久力	回	
長座体前屈	柔軟性	cm	
反復横跳び	敏しょう性	点	
持久走※	全身持久力	分　秒	
20mシャトルラン※	全身持久力	回	
50m走	スピード	秒	
立ち幅跳び	瞬発力	cm	
ハンドボール投げ	巧緻性・瞬発力	m	

※持久走と20mシャトルランはどちらかを選択。

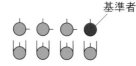

持久走はスタンディングスタート,50m走はクラウチングスタートで行うよ。

⬤ **集団行動**

(3) 集団行動を学ぶことで,校庭や体育館などで集団が効率よく行動することができる。

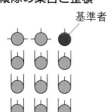

⬤ 縦隊の集合と整頓　　　⬤横隊の集合と整頓

⬤ 2列横隊から4列縦隊

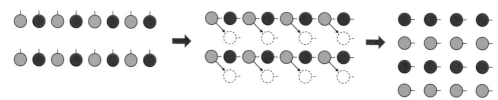

基本の項目

●**新体力テスト**

●**握力の測定**

◆ (③　　　　　)…握力計を指針を外側にして持ち，人さし指の第2関節がほぼ直角になるようにして握って測定する。

◆ (④　　　　　)…マット上であおむけになり，両腕を胸の前で組んで30秒間にできるだけ多く上体を起こす。

◆ (⑤　　　　　)…壁に背と尻をつけた長座姿勢からゆっくり前屈して箱を滑らせる。

◆ (⑥　　　　　)…中央ラインをまたいで立ち，「始め」の合図でサイドステップを右，中央，左，中央と20秒間繰り返す。

◆ (⑦　　　　　)…男子は1500m，女子は1000mを走り，時間を計測する。

◆ (⑧　　　　　)…電子音が鳴ったらスタートし，次の電子音までに20m先の線まで走って向きを変え，電子音が鳴ったら走り出す。これを電子音についていけなくなるまで繰り返して折り返しの回数を記録する。

◆ (⑨　　　　　)…クラウチングスタートで50mを走り，ゴールライン上に走者の胴が到達するまでの時間を計測する。

◆ (⑩　　　　　)…両足で踏み切って前方へ跳ぶ。

◆ (⑪　　　　　)…直径2mの円の中からハンドボールを投げる。

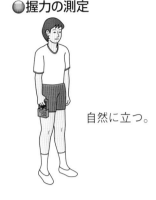

自然に立つ。

●**集団行動**

◆ (⑫　　　　　)…気を付けの姿勢から右に90度体の方向を変える。

◆ (⑬　　　　　)…気を付けの姿勢から右へ180度回る。

●**「気を付け」**　　　　　●**「右向けー右」**　　　　　●**「回れー右」**

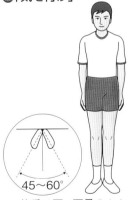

45〜60°

体重は両足にかける。

両足のかかとをつけて，つま先を開く。

❶気を付けの姿勢。

❷右足のかかとと左足のつま先を軸に右へ90度回る。

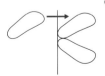

❸左足を右足に引き付ける。「左向けー左」は❷❸を左右逆の動作で行う。

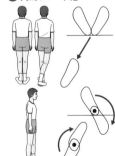

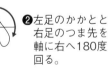

❶気を付けの姿勢から，右足を約二足長斜め左後ろに引く。

❷左足のかかとと右足のつま先を軸に右へ180度回る。

❸右足を左足に引き付ける。

おさえるポイント　　**新体力テスト**　☐握力　☐上体起こし　☐長座体前屈　☐反復横跳び　☐持久走　☐20mシャトルラン　☐立ち幅跳び　**集団行動**　☐右向けー右　☐回れー右

定着のワーク ステージ❷

1 新体力テスト・集団行動

解答 p.13

/100

❶ 新体力テスト 文部科学省の新体力テストについて，次の問いに答えなさい。

3点×9(27点)

(1) 右の表は，新体力テストの項目の一部と体力の要素についてまとめたものである。㋐～㋔に当てはまる言葉を答えなさい。

㋐ (　　　　　　　)
㋑ (　　　　　　　)
㋒ (　　　　　　　)
㋓ (　　　　　　　)
㋔ (　　　　　　　)

項目	体力の要素
㋐	筋力
上体起こし	筋力・筋持久力
㋑	柔軟性
㋒	敏しょう性
50m走	スピード
㋓	瞬発力
㋔	巧緻性・瞬発力

(2) 右の表には，全身持久力を測定する項目が示されていない。全身持久力を測定する項目は，持久走と何か。

(　　　　　　　)

(3) 上体起こしは何秒間行うか。 (　　　　　　　)

(4) 次の文の(　)に当てはまる言葉を答えなさい。

① (　　　　　　　)　② (　　　　　　　)

　50m走は，(①) スタートで50mを走り，走者の(②)がゴールライン上に到達するまでの時間を測定する。

❷ 新体力テスト 右の図は，Aさんのクラスで行った新体力テストのクラスの平均とAさんの結果を表している。これについて，次の問いに答えなさい。

4点×7(28点)

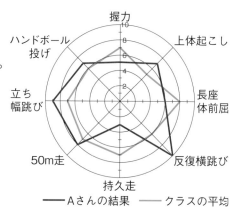

(1) Aさんの結果から，Aさんはどのような体力が最も発達しているといえるか。

(　　　　　　　)

(2) Aさんよりもクラスの平均のほうが優れているテストの項目は何か。3つ答えなさい。

(　　　　) (　　　　) (　　　　)

(3) 今後，Aさんが最も高めなければいけない体力の要素は何であるといえるか。

(　　　　　　　)

(4) Aさんが行った8種類のテストの項目のうち，記録の単位が「cm」であるものはどれか。2つ答えなさい。

(　　　　) (　　　　)

保体メモ ❶体力の要素の違いがわかるかな？ それぞれ調べてみよう。❷円の外側に近いほど，体力が発達していることになるよ。

アンケートの回答：記入らん

[1] □① □② □③ □④ □⑤　□⑥ □⑦ □⑧ □⑨

[2] □① □② □③

[3] □① □② □③（ ）□④（ ）

[4] □① □② □③ □④（ ）

[5] □① □② □③ □④（ ）

[6] □① □② □③

[7] □① □② □③

[8] □① □② □③

[9] □① □② □③

[10] □① □② □③

[11] □① □② □③ □④ □⑤ □⑥　[11]

[12] □① □② □③　[12]

[13] □① □② □③　[13]

[14] □① □② □③　[14]

[15]

[16]

ご協力ありがとうございました。中学教科書ワーク＊

アンケート

●次のアンケートにお答えください。回答は右のらんのあてはまる□をぬってください。

[1] 今回お買い上げになった教科は何ですか。
① 国語 ② 社会 ③ 数学 ④ 理科 ⑤ 英語
⑥ 音楽 ⑦ 美術 ⑧ 健康体育 ⑨ 技術家庭

[2] この本をお選びになったのはどなたですか。
① 自分（中学生） ② ご両親 ③ その他

[3] この本を選ばれた決め手は何ですか。（複数可）
① 教科書に合っているので。
② 内容・レベルがちょうどよいので。
③ 説明がくわしいので。
④ カラーで見やすく、わかりやすいので。
⑤ 以前に使用してよかったので。
⑥ 付録がついているので。
⑦ 高校受験に備えて。 ⑧ その他

[4] どのような使い方をされていますか。（複数可）
① おもに授業の予習・復習に使用。
② おもに定期テスト前に使用。
③ おもに高校受験対策に使用。
④ その他

[5] 内容はいかがでしたか。
① わかりやすい。 ② ややわかりにくい。
③ わかりにくい。 ④ その他

[6] 問題の量はいかがでしたか。
① ちょうどよい。 ② 多い。 ③ 少ない。

[7] 問題のレベルはいかがでしたか。
① ちょうどよい。 ② 難しい。 ③ やさしい。

[8] ページ数はいかがでしたか。
① ちょうどよい。 ② 多い。 ③ 少ない。

[9]「スピードチェック」はいかがでしたか。
① 役に立つ。 ② あまり役に立たない。
③ まだ使用していない。

[10]「解答と解説」の「解説」はいかがでしたか。
① わかりやすい。 ② ふつう。
③ もっとくわしく。

[11] 役に立った付録は何ですか。（複数可）
① スピードチェック＋赤シート（全教科）
② カード（5教科） ③ 下敷き（5教科）
④ 定期テスト対策問題（数字）
⑤ 音声（英語）⑥ 発音上達アプリ（英語）
⑦ 付録のスマホアプリ「どこでもワーク」はい

[12] 付録のスマホアプリ「まなびサポ」はいかがでしたか。
① 役に立つ。 ② あまり役に立たない。
③ まだ使用していない。

[13] ホームページテストはいかがでしたか。
① 役に立つ。 ② あまり役に立たない。
③ まだ使用していない。

[14] 学習記録アプリ「まなびサポ」は使用していますか。
① よく使用している。 ② 使用している。
③ まだ使用していない。

[15]「中学教科書ワーク」について、ご感想やご意見、ご要望等がございましたら教えてください。

[16] この本のほかに、お使いになっている参考書や問題集がございましたら、教えてください。また、どんな点がよかったかも教えてください。

ご住所	〒　都道府県　市区郡　電話　ー　ー

*ご住所は、町名、番地までお書きください。

お名前	フリガナ／　　　　　　学年　　年　男・女
お買い上げ日	年　月　学習塾に □通っている □通っていない

郵便はがき

1 6 2 0 8 1 4

おそれいりますが、切手をおはりください。

東京都新宿区新小川町 4 － 1
（株）文理
「中学教科書ワーク」アンケート係

ご住所	〒		都道府県	市区郡 電話 －		
お名前	フリガナ				男・女	学年 年
お買上げ日	年	月	学習塾に	□通っている □通っていない		

＊ご住所は町名・番地までお書きください。

「中学教科書ワーク」をお買い上げいただき、ありがとうございました。今後のよりよい本づくりのため、裏にありますアンケートにお答えください。アンケートにご協力くださった方の中から、抽選で（年2回）、図書カード1000円分をさしあげます。（当選者は、ご住所の都道府県とお名前を文理ホームページで発表させていただきます。）なお、このアンケートで得た情報は、はがきのご住所には使用いたしません。

《はがきで送られる方》
① 左のはがきの下のらんに、お名前など必要事項をお書きください。
② 裏にあるアンケートの回答を、右にある回答記入らんにお書きください。
③ 点線にそって（はがきを切り離し、お手数ですが、左上に切手をはって、ポストに投函してください。

《インターネットで送られる方》
① 文理のホームページにアクセスしてください。アドレスは、

https://portal.bunri.jp

② 右上のメニューから「おすすめCONTENTS」の「中学教科書ワーク」を選び、クリックすると読者アンケートのページが表示されます。回答を記入して送信してください。上のQRコードからもアクセスできます。

③ 新体力テスト 次の文の( )に当てはまる数字を答えなさい。 3点×5(15点)

① ( ) ② ( ) ③ ( )
④ ( ) ⑤ ( )

握力は，右左交互に（ ① ）回ずつ測る。

反復横跳びは，（ ② ）秒間にサイドステップで何回ラインを越すか踏むかで得点を記録する。

持久走の距離は，男子が（ ③ ）m，女子が（ ④ ）mである。

ハンドボール投げは，直径（ ⑤ ）mの円の中からハンドボールを投げる。

④ 集団行動 集団行動について，あとの問いに答えなさい。 3点×5(15点)

図1

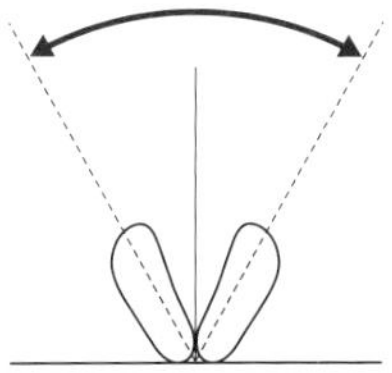

図2

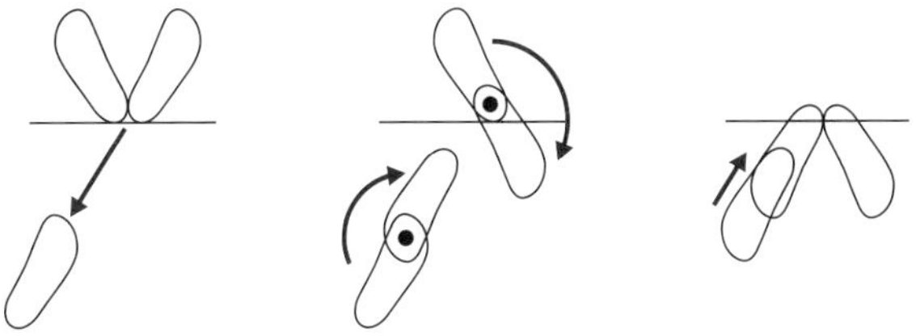

よく出る (1) 図1は，気を付けの姿勢をとったときの足の様子である。このとき，つま先は何度から何度になるように開くか。 ( )

よく出る (2) 図2は，何という合図のときの足の動きを表しているか。 ( )

(3) 体を90度右に方向転換するとき，どのような合図をすればよいか。 ( )

(4) (3)のとき，右足のどこと左足のどこを軸にして回転するか。 ( )

(5) 行進や駆け足は，右足と左足のどちらから始めるか。 ( )

⑤ 集団行動 下の図1から図2のように隊形を変えるときについて，あとの問いに答えなさい。 3点×5(15点)

図1

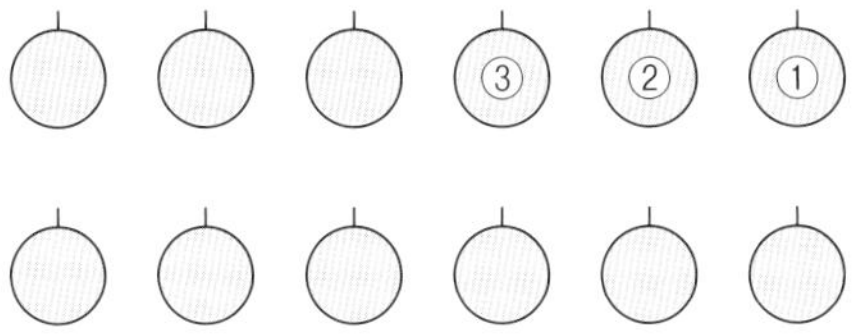

③ ② ①

図2

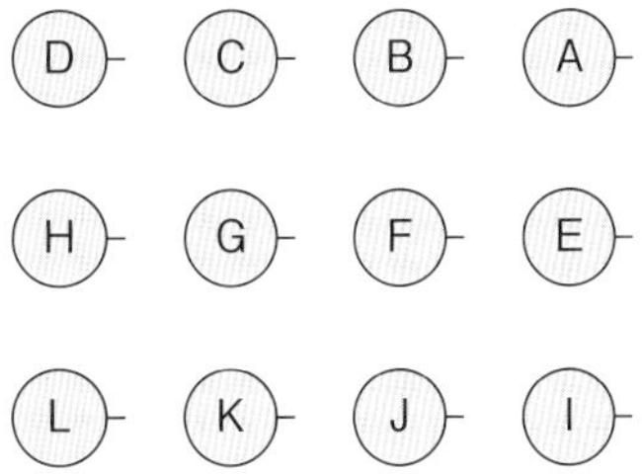

D C B A

H G F E

L K J I

(1) 図1，2のような隊形をそれぞれ何というか。

図1 ( ) 図2 ( )

レベルUP! (2) 図1の①〜③の位置にいる人は，図2ではどの位置にいるか。A〜Lからそれぞれ選びなさい。

① ( ) ② ( ) ③ ( )

保体メモ ⑤(2)偶数番号者を○，奇数番号者を●として全体の動きを考えてから，①〜③を当てはめよう。

確認のワーク ステージ **1**

解答 p.13

2 体つくり運動・ラジオ体操

教科書の要点 ( )に当てはまる語句を答えよう。

1 基本の知識

●体つくり運動

⑴ 体つくり運動には,
(①)の運動と
(②)を高める運動が
ある。

⑵ **体ほぐしの運動**は,体を動かすこ
とで体や (③)の状態
に気づき,体を動かす楽しさや心地
よさを味わったり,仲間と
(④)合ったりするた
めの運動である。

⑶ **体の動きを高める運動**には,体の
柔らかさを高める運動,巧みな動きを高める運動,力強い動きを高める運動,動きを持続
する能力を高める運動がある。

　◆体の柔らかさを高める運動…(⑤)によって筋肉や腱を伸ばし,関節の動
く範囲を広げる。

●体ほぐしの運動(丸太送り)

運動を通して仲間と交流するこ
とで,楽しさと心地よさを味わ
うことができるよ。

●ストレッチング

尻を後方に
引き上げる。

胸を張る。

　◆巧みな動きを高める運動…歩く,走る,跳ぶなどを組み合わせてリズミカルに,タイミ
ングよく動く。

　◆力強い動きを高める運動
　　…自分の (⑥)を負荷にして動い
　　たり,二人組で運動したりすることで,筋力
　　を高めることができる。

　◆動きを持続する能力を高める運動
　　…運動を一定の時間連続して行ったり,一定の
　　回数を反復して行ったりする。

●腕立て伏臥屈伸

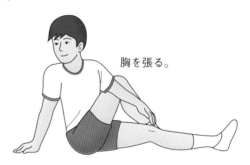

●ラジオ体操

(4) ラジオ体操には，ラジオ体操第一，ラジオ体操第二がある。

(5) ラジオ体操第一よりラジオ体操第二のほうが，運動量が多い。

●ラジオ体操第一・体をねじる運動

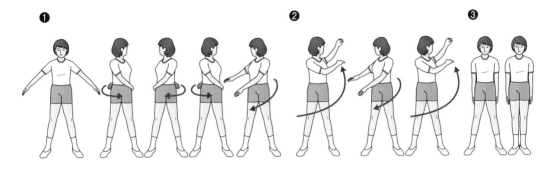

●ラジオ体操第二・片脚跳びとかけ足・足踏み運動

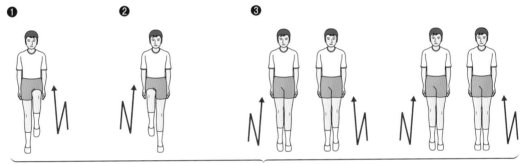

2回繰り返す。

それぞれの運動について，始めの姿勢と終わりの姿勢を確認してみよう。

この他にはどんな運動があるかな？

(6) ラジオ体操第一もラジオ体操第二も（⑦　　　）種類の運動で構成されており，最後の運動は，どちらも（⑧　　　）である。

●ラジオ体操第一・深呼吸

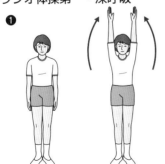

4回繰り返す。

おさえるポイント
□体つくり運動　□体ほぐしの運動　□体の動きを高める運動　□ストレッチング
□ラジオ体操

協力：全国ラジオ体操連盟

定着のワーク ステージ**2**

2 体つくり運動・ラジオ体操

解答 p.13

/100

❶ 体つくり運動 下の図は，ストレッチングを表している。これについて，あとの問いに
答えなさい。

5点×7（35点）

㋐ 　㋑ 　㋒ 　㋓

(1) 次の文は，体つくり運動やストレッチングについて述べたものである。（　）に当てはまる言葉を答えなさい。

①（　　　　　　　） ②（　　　　　　　） ③（　　　　　　　）

　体つくり運動は，（ ① ）の運動と（ ② ）を高める運動から構成されている。ストレッチングを行うことにより，リフレッシュしたり，（ ③ ）を高めたりすることができる。

(2) 次の文は，上の図の㋐〜㋓のうち，どれについて説明したものか。
① 両足裏を合わせて股関節やももの内側を伸ばす。 （　　　）
② 腕を伸ばして尻を後方に引き上げ，背中を反らして胸を伸ばす。 （　　　）
③ 背筋を伸ばしたままひじをひざにかけ，上体をひねって腰周りを伸ばす。 （　　　）
④ 腕を後方に引き，胸を張って伸ばす。 （　　　）

❷ 体の動きを高める運動 次のA〜Dは，体の動きを高める運動について説明したものである。これについて，あとの問いに答えなさい。

4点×5（20点）

> A：リズミカルにタイミングよく動いたり，素早く動いたり，用具を使ったりする内容が多い運動。
> B：1つの動きや複数の動きを組み合わせて，一定の時間続けたり一定の回数を反復して行ったりする運動。
> C：ストレッチングにより関節や筋肉をゆっくり伸ばす内容が多い運動。
> D：自分の体重を利用したり，人や物を使ったりして負荷をかけ，筋力を高める内容が多い運動。

(1) 上のA〜Dの運動は，何を高める運動か。

A（　　　　　　　） B（　　　　　　　）
C（　　　　　　　） D（　　　　　　　）

(2) パートナーとの手押し車は，A〜Dのどの運動に当てはまるか。 （　　　）

保体メモ ❶授業で行ったストレッチングにはどのようなものがあったか，整理しておこう。

3 **ラジオ体操第一** 右の図は，ラジオ体操第一の運動の一部を表している。次の問いに答えなさい。 5点×5（25点）

2回繰り返す。

2回繰り返す。

逆方向も同様に回し（❷），❶❷を2回繰り返す。

(1) ⑦～⑰の運動を順番に並べなさい。

（　　　→　　　→　　　）

(2) ⑦～⑰のうち，終わりの姿勢が下の図のようであるものはどれか。（　　　）

(3) ⑦～⑰の運動の名称を，〔 〕から選んでそれぞれ答えなさい。

⑦（　　　　　）⑦（　　　　　）⑰（　　　　　）

〔 腕を回す運動　　両脚で跳ぶ運動　　深呼吸　　伸びの運動
体を斜め下に曲げ，胸を反らす運動　　体を横に曲げる運動　　体を回す運動 〕

 4 **ラジオ体操第二** 右の図は，ラジオ体操第二の運動の一部を表している。これについて，次の問いに答えなさい。

5点×4（20点）

4回繰り返す。

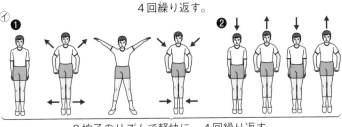

3拍子のリズムで軽快に。4回繰り返す。

(1) 図の⑦，⑦のうち，「腕を前から開き，回す運動」はどちらか。（　　　）

(2) 次の文の（ ）に当てはまる言葉や記号，数字を，〔 〕から選んで答えなさい。

①（　　　）②（　　　）③（　　　）

図の⑦，⑦のうち，（ ① ）の運動の終わりの姿勢は，（ ② ）を前に交差した姿勢である。また，⑦の運動は，13の運動のうち，（ ③ ）番目の運動である。

〔 ⑦　⑦　足　腕　1　3　11　13 〕

保体メモ
❸(2)それぞれの運動について，始めの姿勢や終わりの姿勢を確認しておこう。
❹(2)運動の順序についても確認しておこう。
協力：全国ラジオ体操連盟

解答 p.13

確認のワーク ステージ**1**

1 器械運動

教科書の要点 ( )に当てはまる語句を答えよう。

1 基本の知識

(1) 1811年,「(① ⎰体操の父」といわれるヤーンがベルリン郊外に体操場を開設した。

(2) 日本選手が体操競技で初めてオリンピックに参加したのは,1932年の第10回ロサンゼルス大会である。

(3) 器械運動は,(②),鉄棒,平均台,跳び箱などを用いて行うスポーツである。

> 「器械」の漢字を間違えないようにね。

2 基本の用語

◆(③)…ひざと腰を曲げて胸にひざをかかえ込んだ姿勢。
◆(④)…腰を曲げてひざを伸ばし,体を「く」の字にした姿勢。
◆(⑤)…腰とひざを伸ばして体をまっすぐにした姿勢。
◆(⑥)…腕で体を支えた姿勢。
◆(⑦)…ひざを伸ばした姿勢。
◆難度…体操競技において,技の難しさを示す基準。

3 基本となる技

●マット運動
●片足正面水平立ち

●倒立

両手の幅は肩幅と同じくらいにする。

●開脚前転

勢いよく大きく転がる。

足がマットにつく直前に(⑧)する。

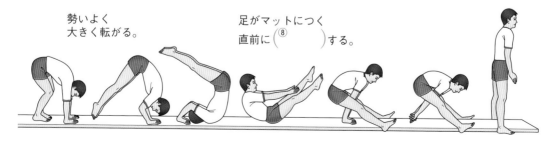

●鉄棒運動

●後方ひざかけ回転

背中を丸めて
肩から後方へ
たおれ込む。

●平均台運動

●両足ターン

ターン中は
両手を上げる。

つま先立ちしてターンする。

●跳び箱運動

●かかえ込み跳び

体をかかえ込みながら手
で突き放し，上方へ跳ぶ。

力強く踏み切り，
前方に着手する。

おさえる
ポイント

☐かかえ込み　☐屈身（くっしん）　☐伸身（しんしん）　☐支持　☐伸しつ（しん）

1　器械運動①

マット運動　下の図について，あとの問いに答えなさい。

4点×7（28点）

㋐

㋑

(1)　図の㋐，㋑の技を何というか。　　㋐（　　　　　　）　㋑（　　　　　　　）

(2)　次の文は，㋐の技について述べたものである。（　）に当てはまる言葉を，〔　〕から選んで答えなさい。

①（　　　　　　）　②（　　　　　　）　③（　　　　　　）
④（　　　　　　）　⑤（　　　　　　）

　　足を（　①　）に開き，前足で蹴って後ろ足を大きく振り上げて倒立する。（　②　）
を曲げ，（　③　）を徐々に背面側に移動させ，後頭部で軽く支えて転がる。このとき，
肩，（　④　），腰の順にマットにつける。回転の（　⑤　）を利用して立つ。

〔　前後　　重心　　左右　　ひじ　　ひざ　　スピード　　軸　　頭　　背中　〕

2　**マット運動**　下の図について，あとの問いに答えなさい。

6点×2（12点）

（　）ひねって
着手する。

(1)　上の図の技を何というか。　　　　　　　　　　　　　　　（　　　　　　　）

(2)　図の（　）に当てはまる数字を分数で答えなさい。　　　（　　　　　　　）

保体メモ　**2** 一直線上を横に回る技だよ。腰をしっかり伸ばすように注意し，手と足をつく位置が一直線上になるように意識しよう。

❸ 鉄棒運動 下の図は，鉄棒運動における鉄棒の握り方と技の様子を表している。これについて，あとの問いに答えなさい。 6点×6（36点）

よく出る(1) 図の㋐〜㋒の鉄棒の握り方を何というか。

㋐（　　　　　）　㋑（　　　　　）　㋒（　　　　　）

(2) 図の㋓，㋔の技を何というか。　　㋓（　　　　　）　㋔（　　　　　）

記述(3) 「支持」とはどのような姿勢のことか。簡単に説明しなさい。

（　　　　　　　　　　　　　　　　　　　　　　　　）

❹ 平均台運動 次の文の（　）に当てはまる言葉を答えなさい。 6点×2（12点）

①（　　　　　）　②（　　　　　）

平均台を歩くときは，つま先を（　①　），台の（　②　）面に軽く触れるようにする。

❺ 跳び箱運動 下の図の技について，あとの問いに答えなさい。 6点×2（12点）

（　　）を高く上げる。

(1) 図の技を何というか。 （　　　　　）

(2) 図の（　）に当てはまる体の部位はどこか。次のア〜エから選びなさい。 （　　　　　）

ア 肩　イ 胸

ウ 腰　エ 足

保体メモ ❹平均台の上がり方やポーズについても確認しておこう。❺跳び箱運動では，踏み切りと着地がポイントになるよ。

ステージ**2**
定着のワーク

1 器械運動②

解答 p.14

/100

① マット運動 下の図について, あとの問いに答えなさい。 5点×4(20点)

㋐

㋑

(1) 図の㋐, ㋑の技を何というか。 ㋐( ) ㋑( )

(2) 次の**ア〜ウ**の文のうち, 図の㋐, ㋑について述べたものはどれか。それぞれ選びなさい。

㋐( ) ㋑( )

ア 回転しながら腰を伸ばし, 回転の勢いで倒立する。

イ ひざを伸ばしたまま回転し, 足がつくと同時に両手で体を押し上げて立ち上がる。

ウ ひざを伸ばして回転し, マットにつく直前に大きく足を開いて, 手を股関節の近くに素早くついて立ち上がる。

② マット運動 下の図について, あとの問いに答えなさい。 8点×3(24点)

㋐ ㋑

( )を腹側に動かしながら足を下ろす。

(1) 図の㋐, ㋑の技を何というか。 ㋐( )

㋑( )

(2) 図の㋑の( )に当てはまる体の部位はどこか。 ( )

❷ 倒立は, 腕から足の先までが一直線上になるように意識し, 肩が前方に出ないように注意しよう。

❸　鉄棒運動　右の図について，次の問いに答えなさい。　4点×3(12点)

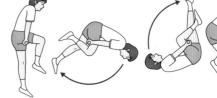

(1)　図の技を何というか。

（　　　　　　　　　　　）

(2)　次の文は，図の技について述べたものである。（　）に当てはまる言葉を答えなさい。

①（　　　　　　　）　②（　　　　　　　）

　　鉄棒を（　①　）で握り，（　②　）の裏で鉄棒をはさんで回転する。

❹　平均台運動　次の文は，平均台運動について述べたものである。正しいものには○，間違っているものには×をつけなさい。　4点×3(12点)

①（　　　）動くときは，常に足元をよく見て，落ちないように注意する。

②（　　　）歩くときは，5mほど先を見る。

③（　　　）下りるときは，ひざを曲げて着地する。

❺　跳び箱運動　下の図について，あとの問いに答えなさい。　8点×4(32点)

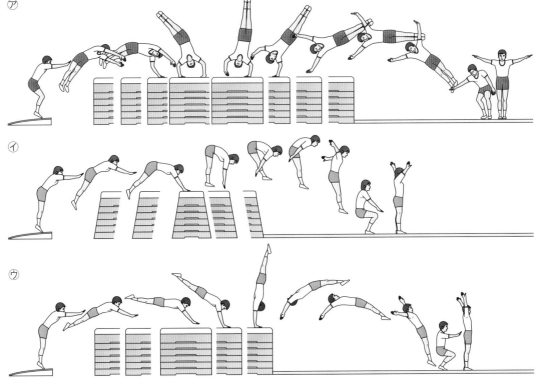

⑦

⑦

⑦

(1)　図の⑦〜⑦の技を何というか。

⑦（　　　　　　　）　⑦（　　　　　　　）　⑦（　　　　　　　）

(2)　図の⑦〜⑦のうち，跳び箱を横置きにして行っている技はどれか。（　　　）

保体　メモ　❸鉄棒運動では，懸垂振動についても確認しておこう。❺技によって手のつき方や位置が異なるので，整理しておこう。

解答 p.14

確認のワーク ステージ**1**

2 陸上競技

教科書の要点 （　）に当てはまる語句を答えよう。

1 基本の知識

(1) 陸上競技は，「走る」「跳ぶ」「投げる」などの運動によって競争したり（①　　　　　　）に挑戦したりするスポーツであり，古くから行われてきた。

(2) 最も古い競技は，紀元前776年の第1回古代ギリシャのオリンピア競技とされている。

(3) 1896年には（②　　　　　　）のアテネで第1回近代オリンピック大会が行われ，陸上競技はその中心となる競技だった。

(4) 中学校で学習する種目は，短距離走・リレー，長距離走，ハードル走，走り幅跳び，走り高跳びである。

(5) 陸上競技は基礎的な運動要素をもっているため，（③　　　　　　）を全面的に高め，基礎的な運動能力の向上などに役立てることができる。

● 競技場

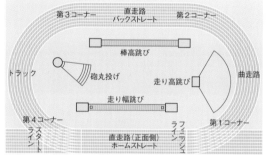

それぞれの種目で高まる体力の要素は何か，調べてみよう。

2 基本の用語

◆（④　　　　　　）…両手を地面についてしゃがんだ姿勢からスタートする，短距離走やハードル走のスタートの仕方。

◆（⑤　　　　　　）…立った姿勢からスタートする，長距離走などのスタートの仕方。

◆**足長**（そくちょう）…つま先からかかとまでの長さ。クラウチングスタートの足の位置を決めるときなどに用いられる。

◆（⑥　　　　　　）…短距離走やリレーなどで，各走者に割り当てられた走路。

◆（⑦　　　　　　）…リレーで，バトンの受け渡しをする決められた区域。

◆**中間疾走**（しっそう）…全力疾走に入ったときの走り。

◆**トルソー**…胴体。ストップウォッチは走者のトルソーの一部がフィニッシュラインに入ったときに止める。

◆（⑧　　　　　　）…ハードル走で，ハードルとハードルの間のこと。

◆**ハードリング**…ハードルを越えるときの，踏み切ってから着地するまでの一連の動作のこと。

◆**ラップタイム**…一定の距離区間のタイムのこと。本来はトラック1周のタイムのこと。

❸ 基本の技術

● 短距離走

● スタート時の足の位置

⑨（　　　　　）スタート

1.5足長　1.5足長

足の位置が中間的で，最も一般的。

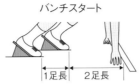

バンチスタート

1足長　2足長

腕への負担が大きくバランスが悪いが，1歩目を早く出せる。

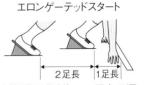

エロンゲーテッドスタート

2足長　1足長

「ドン」(信号器発射)への反応は遅いが，キック力が大きい。バランスもよい。

実技編　2章

● ハードル走

● ハードリング

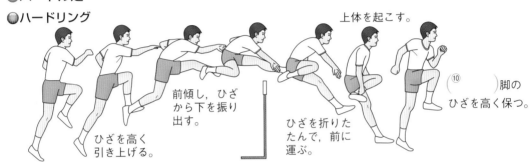

上体を起こす。

前傾し，ひざから下を振り出す。

ひざを高く引き上げる。

ひざを折りたたんで，前に運ぶ。

⑩（　　　　　）脚のひざを高く保つ。

● 走り幅跳び

● かがみ跳び

踏み切り脚を前に引き付ける。

腕を前方に振り，上体を前に倒す。

振り上げ脚を大きく踏み出す。

両脚をそろえ，ひざを伸ばしながら脚を前に放り出す。

● 走り高跳び

● はさみ跳び

抜き脚のひざを引き付ける。

振り上げ脚を大きく振り上げる。

上体を起こす。

おさえるポイント

☐クラウチングスタート　☐スタンディングスタート　☐レーン
☐テークオーバーゾーン　☐インターバル　☐ハードリング

定着のワーク ステージ2

2　陸上競技①

/100

1 短距離走　右の図は，短距離走のスタートの様子である。これについて，次の問いに答えなさい。　4点×11（44点）

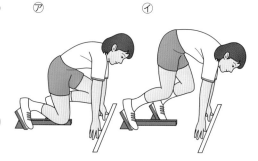

(1) 右の図のようなしゃがんだ姿勢からのスタートの仕方を何というか。
（　　　　　　　　）

(2) (1)で，足の位置が下の図の⊕〜⊕のようなスタートの仕方をそれぞれ何というか。

⊕（　　　　　）　⊕（　　　　　）　⊕（　　　　　）

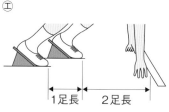
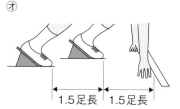

(3) 次の文の（　）に当てはまる言葉を，〔　〕から選んで答えなさい。

①（　　）②（　　）③（　　）④（　　）
⑤（　　）⑥（　　）⑦（　　）

　右上の図の⑦は「（ ① ）」，⑦は「（ ② ）」の姿勢である。スタートし，（ ③ ）の後の（ ④ ）では，肩の力を抜いて（ ⑤ ）が落ちないようにする。

　計時は，信号器の発する光または煙を見て開始し，（ ⑥ ）の一部が（ ⑦ ）ラインに入ったときに止める。

〔　中間疾走　加速疾走　腕　胴体　腰　セット　ドン　胸
　オンユアマークス　フィニッシュ　スタート　頭　リズム　〕

2 リレー　リレーについて，次の問いに答えなさい。　3点×4（12点）

(1) 第1走者のスタートの仕方を何というか。（　　　　　）

(2) バトンパスを行うゾーンを何というか。（　　　　　）

(3) (2)のゾーンの長さは何mか。（　　　　　）

(4) バトンパスを行うとき，次走者はいつ走り出せばよいか。次のア〜ウから正しいものを選びなさい。（　　　）

ア　前走者が10〜15mの距離に近づいたとき。
イ　前走者が，事前につけたマークを通過したとき。
ウ　前走者が自分の位置まで到達したとき。

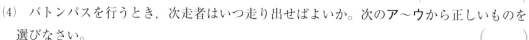
保体メモ　❶(3)「オンユアマークス」は「位置について」，「セット」は「用意」ともいうよ。❷バトンパスは，できるだけ速いスピードで行うことが重要だよ。

③ **長距離走** 次の文の( )に当てはまる言葉を答えなさい。　　　　4点×2(8点)

①(　　　　　　　　) ②(　　　　　　　)

　長距離走では，「吐く吐く，吸う（ ① ）」などの呼吸法で，自分に適した（ ② ）で走ることが重要である。

④ **ハードル走** ハードル走について，次の問いに答えなさい。　　　4点×4(16点)

(1) 踏み切りから着地までのハードルを越す一連の動作を何というか。

(　　　　　　　　　)

(2) ハードルとハードルの間を何というか。　　　　　　(　　　　　　　　　)

(3) 一般に，ハードルとハードルの間は何歩で走るか。　(　　　　　　　　　)

記述 (4) ハードル走では，どのようなときに失格となるか。1つ書きなさい。

(　　　　　　　　　　　　　　　　　　　　　　)

⑤ **走り幅跳び** 下の図は，走り幅跳びの様子である。これについて，あとの問いに答えなさい。　　　　4点×3(12点)

(1) 図の跳び方を何というか。〔 〕から選んで答えなさい。

(　　　　　　　　　)

〔　かがみ跳び　　そり跳び　　背面跳び　〕

(2) 次の文の( )に当てはまる言葉を答えなさい。

①(　　　　　　　　) ②(　　　　　　　)

　走り幅跳びの一連の動きをまとめると，（ ① ）→（ ② ）→空間動作（空中動作）→着地　となる。

⑥ **走り高跳び** 走り高跳びについて，次の問いに答えなさい。　　4点×2(8点)

(1) 走り高跳びの跳び方を1つ答えなさい。　　　　　　(　　　　　　　　　)

記述 (2) 1回の無効試技(失敗)となるのはどのようなときか。1つ答えなさい。

(　　　　　　　　　　　　　　　　　　　　　　)

保体メモ ④ハードルは，跳ぶ向きが決まっているよ。⑤(1)空中での様子から考えよう。⑥跳び方によって助走のスタート位置が違っているよ。

定着のワーク ステージ2　2 陸上競技②

解答 p.14

/100

1 **短距離走・リレー・長距離走** 短距離走・リレー，長距離走について，次の問いに答えなさい。 5点×4(20点)

(1) 短距離走について，正しいものを1つ選びなさい。 （　　）

　　ア　クラウチングスタートの「用意」では，後ろ足を十分に伸ばしきったほうがよい。

　　イ　200m以上の競走種目では，決められたレーンを走らなくてよい。

　　ウ　不正スタートをフライングという。

(2) リレーについて，正しいものを1つ選びなさい。 （　　）

　　ア　次走者は，前走者が1〜2mに近づいたらゆっくり走り出す。

　　イ　バトンは，後ろを振り向いて合図をしながら受け取る。

　　ウ　バトンは，腕を伸ばして後ろを振り向かずに受け取る。

(3) 長距離走でのスタートの仕方を何というか。 （　　　　　）

(4) (3)のスタートの仕方について，正しいものを1つ選びなさい。 （　　）

　　ア　「位置について(オンユアマークス)」「用意(セット)」「ドン」でスタートする。

　　イ　「位置について(オンユアマークス)」「ドン」でスタートする。

　　ウ　「位置について(オンユアマークス)」で後ろ足に体重をかける。

2 **ハードル走** ハードル走について，次の問いに答えなさい。 4点×5(20点)

(1) 次の文の（　）に当てはまる言葉を，〔　〕から選んで答えなさい。

　　①（　　　　　） ②（　　　　　） ③（　　　　　）

　　右足で踏み切ってハードルを越すときは，（　①　）足のひざを振り上げて（　②　）
　　腕を前に出し，上体を（　③　）に傾ける。

〔　右　　左　　前　　後ろ　　上　　下　〕

(2) 下の図の㋐〜㋒のうち，インターバルの走り方として最も一般的なものはどれか。

（　　）

㋐　　　　　　　　　㋑　　　　　　　　　㋒

(3) 下の図の㋐〜㋒のうち，ハードルの越え方として最もよいものはどれか。 （　　）

㋐　　　　　　　　　㋑　　　　　　　　　㋒

保体メモ ❶(3)長距離走では立った姿勢でスタートするよ。❷(2)ハードルとハードルの間のことを，インターバルというよ。

❸ 走り幅跳び 走り幅跳びについて，次の問いに答えなさい。 5点×8（40点）

(1) 走り幅跳びの跳び方の名称を3種類答えなさい。
（　　　　　）（　　　　　）（　　　　　）

(2) 右の図は，走り幅跳びの踏み切りと着地の位置を示したものである。

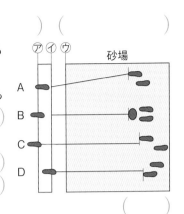

砂場

① 砂場に残った跡から，図の⑦〜⑰のどこまでを計測するか。（　　　　）

② A〜Dのうち，最も有利に踏み切っているのは誰か。（　　　　）

③ A〜Dのうち，最も記録がよいのは誰か。（　　　　）

④ A〜Dのうち，無効試技となったのは誰か。（　　　　）

⑤ A〜Dのうち，計測の仕方が正しいのは誰か。（　　　　）

❹ 走り高跳び 下の図について，あとの問いに答えなさい。 4点×5（20点）

⑦

⑦

(1) 図の⑦，⑦の跳び方をそれぞれ何というか。
⑦（　　　　　　　） ⑦（　　　　　　　）

(2) 右の表は，競技者A〜Eの走り高跳びの記録である。1位から3位は，A〜Eの誰になるか。ただし，○は成功，×は無効試技，−はパスとする。

1位（　　　）
2位（　　　）
3位（　　　）

記録 競技者	1.40m	1.45m	1.50m	1.55m	1.61m	1.63m	無効試技数	順位
A	−	○	×○	××○	××○	×××		
B	○	×○	×○	××○	××○	×××		
C	○	××○	×○	××○	××○	×××		
D	−	×−	○	××○	×○	×××		
E	×○	××○	×○	××○	××○	×××		

保体メモ ❸(2)②踏み切り線により近い位置で踏み切ったほうが有利だね。 ❹(2)順位の決め方についても整理しておこう。

解答 p.15

確認のワーク ステージ**1**

3 水泳

教科書の要点 ( )に当てはまる語句を答えよう。

1 基本の知識

(1) 水泳は古くから行われてきたが，競技としては
1896年の近代オリンピック第1回アテネ大会で行
われ，1908年の第4回ロンドン大会からプールで
行われるようになった。

コースロープは第8回パリ大会から，屋内プールは第14回ロンドン大会からなんだね。

(2) 日本では，江戸時代に発祥した日本泳法が現在まで受け継がれている。

(3) 水泳は，水の特性を利用した（① ）運動である。

(4) 水泳の特徴として，水中では浮力が働くこと，冷水によって皮膚が刺激されること，呼吸が制限されることなどが挙げられる。

(5) 競技には，（② ）（自由形・平泳ぎ・
背泳ぎ・バタフライ・個人メドレー・リレー・メドレーリレー），音楽に合わせて泳ぐ（③ ），
2チームでゴールにボールを投入し合う
（④ ），飛込競技，海などで行うオープンウォータースイミングなどがある。

●おぼれている人の救助法

おぼれている人の後方に浮き輪を投げ入れる。

ロープの端を結び，足で踏んでおく。

(6) 着衣での水泳を体験することや，おぼれている人を救助する方法を知ることも非常に重要である。

2 基本の用語

◆（⑤ ）…水の抵抗が最も少なくなるように，体全体を水平かつ一直線に伸ばした姿勢。

◆（⑥ ）…腕で水をかくこと。または，泳ぎ方。

◆（⑦ ）…指先か手が水中に入る局面。

◆（⑧ ）…水をつかまえるという意味。入水から腕のかきによって推進力を生み始めるまでの局面。

◆（⑨ ）…進行方向と逆向きに水を押す動作。

◆プッシュ（フィニッシュ）…水を最も力強く押す，腕のかきの最終局面。

◆（⑩ ）…水をとらえてかく一連の局面が終了し，次のかき動作を開始するまでの移行の局面。

◆アウト（イン）ワードスカル…和船の櫓のように手のひらを傾けて水を切るような動作。進行方向に対して左右に手が移動する。

◆ローリング…腕のかきに合わせて，体の中心線を軸に上半身を回転させてひねる動作。

◆ハイエルボー…水中のストローク動作で，ひじを指先や手首より高く保つこと。

③ 基本の技術

●クロール

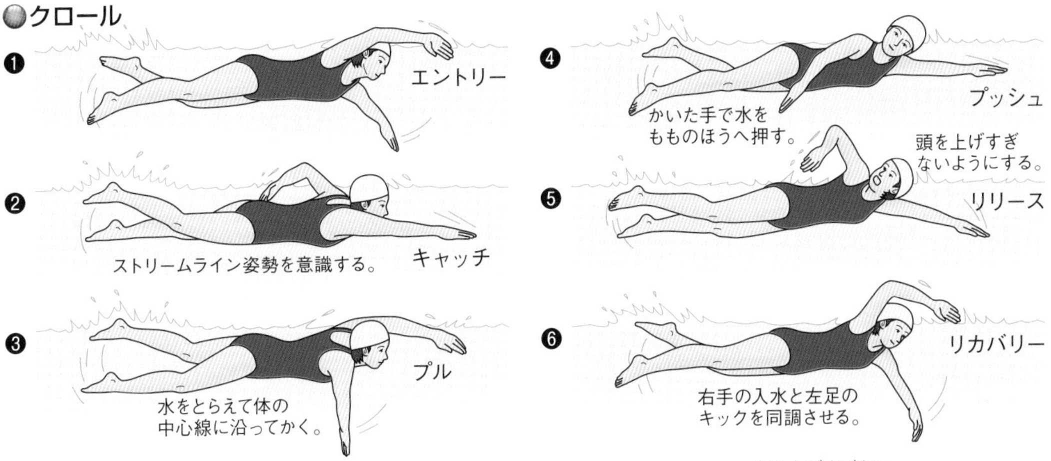

❶ エントリー

❷ キャッチ
ストリームライン姿勢を意識する。

❸ プル
水をとらえて体の中心線に沿ってかく。

❹ プッシュ
かいた手で水をもものほうへ押す。

❺ リリース
頭を上げすぎないようにする。

❻ リカバリー
右手の入水と左足のキックを同調させる。

●平泳ぎ

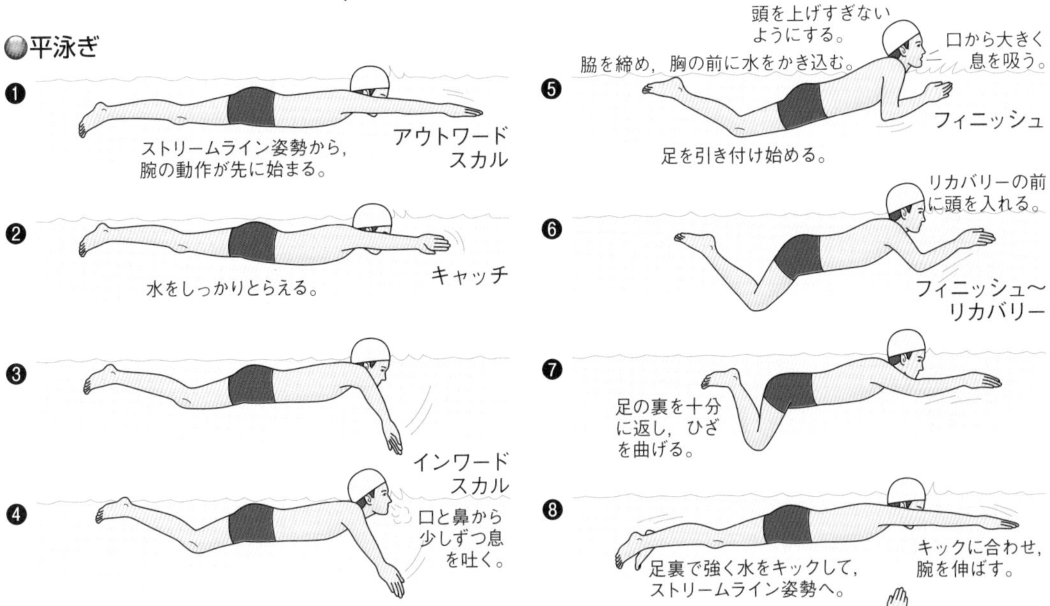

❶ アウトワードスカル
ストリームライン姿勢から，腕の動作が先に始まる。

❷ キャッチ
水をしっかりとらえる。

❸ インワードスカル
口と鼻から少しずつ息を吐く。

❺ フィニッシュ
脇を締め，胸の前に水をかき込む。頭を上げすぎないようにする。口から大きく息を吸う。足を引き付け始める。

❻ フィニッシュ～リカバリー
リカバリーの前に頭を入れる。

❼ 足の裏を十分に返し，ひざを曲げる。

❽ 足裏で強く水をキックして，ストリームライン姿勢へ。キックに合わせ，腕を伸ばす。

●背泳ぎ

❶ エントリー
ストリームライン姿勢を意識する。小指側から入水する。

❷ キャッチ

❸ リリース／スカリングプル

❹ リカバリー／プッシュオフ

❺ 足元に向けて水を押す。

❻ エントリーへ
右手の伸び，左手のフィニッシュ，左足の蹴り上げのコンビネーションを合わせる。

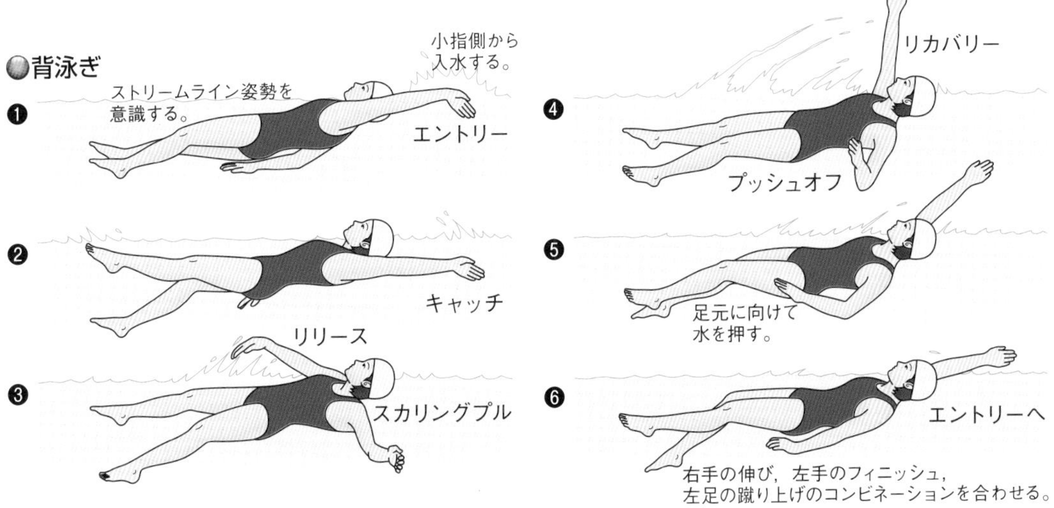

おさえるポイント
□自由形　□クロール　□平泳ぎ　□背泳ぎ　□バタフライ　□個人メドレー　□メドレーリレー　□ストリームライン

実技編　2章

ステージ2
 のワーク

3　水泳①

解答 p.15

/100

① 総合問題 水泳について，次の問いに答えなさい。　　　　　3点×5(15点)

(1) 次の文の（　）に当てはまる言葉を答えなさい。

①（　　　　　　　　） ②（　　　　　　　　）

水泳は，他のスポーツに比べて，体全体を使う（ ① ）運動である。水に入る前には，ストレッチングなどの（ ② ）を十分に行うことが必要である。

(2) 水泳の授業で，2人組となって常にお互いを監視(かんし)し合う方法を何というか。

（　　　　　　　　）

記述 (3) (2)の方法にはどのような利点(都合のよい点)があるか。簡単に説明しなさい。

（　　　　　　　　　　　　　　　　　　　　　）

よく出る (4) 体を一直線に伸ばし，水の抵抗が最も少なくなるようにした姿勢を何というか。

（　　　　　　　　）

② クロール クロールについて，次の問いに答えなさい。　　　　4点×8(32点)

(1) 次の文の（　）に当てはまる言葉を答えなさい。

①（　　　　　　） ②（　　　　　　　） ③（　　　　　　　）

腕の一連の動作を（ ① ）といい，クロールでは（ ② ）字を描(えが)くように水をかく。足は，（ ③ ）を伸ばして左右交互に蹴る。

(2) 右の図は，クロールの腕の動作を表したものである。⑦，①の動作をそれぞれ何というか。

⑦（　　　　　　　） ①（　　　　　　　）

(3) 水をかく一連の動作が終わり，次のかきの動作に移行するまでの局面を何というか。　　　　（　　　　　　　）

(4) 頭から足までを通る軸を中心に体をひねる動作を何というか。　　　　　　　　　　　　　　（　　　　　　　）

(5) 次のア～エのうち，クロールの呼吸について正しく述べているものはどれか。　　　　　　（　　　　　　　）

　ア　指先を水に入れる直前に真横を見るように顔を上げて息を吐き，すぐに吸う。

　イ　指先を水に入れる直前に顔を前に上げて素早く息を吸う。

　ウ　かきの動作を終えた手を上に上げたときに真横を見るように顔を上げて息を吸い，顔を水中に入れたときに吐く。

　エ　次のかきの動作を開始する直前に顔を前に上げて口から息を吸い，鼻から吐く。

⑦

プッシュ

①

 保体メモ ❶水に入る前には必ず安全の確認をしよう。❷クロールは，まず呼吸をしないで泳ぎ，手足の動きを覚えてから呼吸の練習をしよう。

3 **平泳ぎ** 平泳ぎについて，次の問いに答えなさい。 3点×7(21点)

(1) 平泳ぎでは，ストリームラインの姿勢から，腕と足のどちらの動作を先に始めるか。
（　　　　　　　　　）

(2) 次の文の（　）に当てはまる言葉を，〔　〕
から選んで答えなさい。

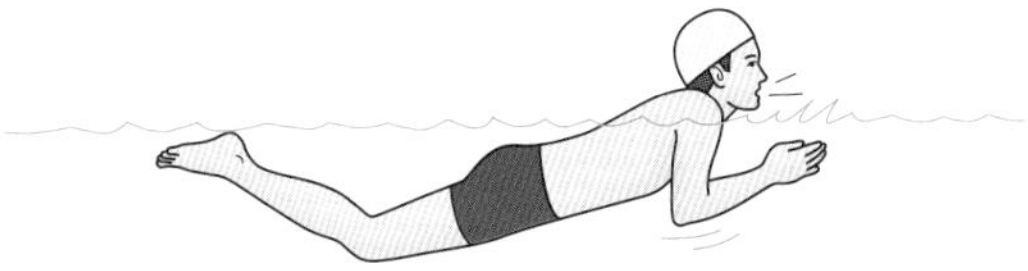

①（　　　　　　） ②（　　　　　　）
③（　　　　　　） ④（　　　　　　）
⑤（　　　　　　） ⑥（　　　　　　）

　平泳ぎでは，逆（ ① ）形を描くようにして水をかき，足の（ ② ）で水を（ ③ ）にしっかりと蹴る。両手，両足の動作は左右（ ④ ）に行う。右上の図は，（ ⑤ ）の局面に合わせて息を（ ⑥ ）いる様子である。

> 吸って　　吐いて　　甲　　裏　　前方　　後方　　S字　　ハート　　三角
> 対称（たいしょう）　　ストローク　　キャッチ　　フィニッシュ　　リカバリー

4 **背泳ぎ** 背泳ぎについて，次の問いに答えなさい。 4点×5(20点)

(1) 次の文の（　）に当てはまる言葉を，〔　〕から選んで答えなさい。

①（　　　　　　） ②（　　　　　　）
③（　　　　　　） ④（　　　　　　）

　背泳ぎでは，腕は，（ ① ）側から入水し，水をしっかりつかんで足元に向かって押す。足は，（ ② ）を曲げずに（ ③ ）から動かし，足の（ ④ ）で水を蹴り上げる。

> 〔 ひざ　　ひじ　　股関節　　親指　　小指　　ひら　　甲 〕

記述 (2) 公式ルールの背泳ぎのスタートは他の泳法と違っている。どのような点が違っているか。簡単に説明しなさい。
（　　　　　　　　　　　　　　　　　　　　　　　　　　　　）

5 **バタフライ** バタフライについて，次の問いに答えなさい。
4点×3(12点)

(1) バタフライのキックを何というか。 （　　　　　　　　　）
(2) 次の文の（　）に当てはまる言葉を，〔　〕から選んで答えなさい。
①（　　　　　　） ②（　　　　　　）

　バタフライでは，かぎ穴（キーホール）を描くような（ ① ）とキックの（ ② ）を高めることが重要である。

> ストリームライン　　コンビネーション　　リカバリー
> プッシュ　　キャッチ　　エントリー　　ストローク

保体
メモ
4 (2)背泳ぎ以外のスタートの方法についても，公式ルールを確認しておこう。**5**「バタフライ」は，昆虫の「チョウ」という意味の英語だよ。

定着のワーク ステージ2

3 水泳②

/100

1 総合問題 クロール，平泳ぎ，背泳ぎ，バタフライについて，次の問いに答えなさい。

3点×9（27点）

(1) 4種類の泳法のうち，一般に自由形で泳がれている泳法はどれか。（　　　　　　　）

(2) 下の図の㋐〜㋔は各泳法の足の動作，㋔〜㋘は手の動作を表したものである。下の表に
当てはまる記号を書き入れなさい。ただし，㋔と㋖は片方の手の動作を示している。

	クロール	平泳ぎ	背泳ぎ	バタフライ
足の動作				
手の動作				

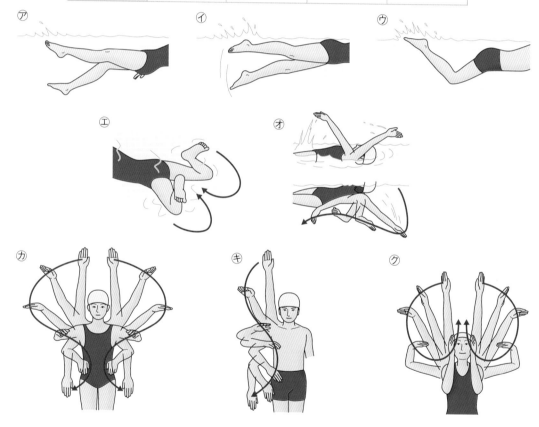

2 公式ルール 次の文は，水泳の公式ルールについて述べたものである。正しいものには
○，間違っているものには×をつけなさい。

3点×3（9点）

① （　　）平泳ぎと背泳ぎのタッチは，両手同時に行わなければ失格となる。

② （　　）競技者が自分のコースからはみ出したり他の競技者の邪魔をしたりした場合は，
失格となる。

③ （　　）自由形では，競技者がいったんプールの底に立っても失格にならない。

保体メモ
❷①折り返しやゴールで行うタッチについても，泳法によってルールが違っているんだね。
③自由形についてのルールを確認しておこう。

③ ターン 下の図は，平泳ぎと背泳ぎのターンの様子を表している。これについて，あとの問いに答えなさい。

4点×6(24点)

⑦

⑦

(1) ⑦，⑦は，平泳ぎと背泳ぎのうち，どちらのターンを表したものか。

⑦(　　　　　　　)　⑦(　　　　　　　)

(2) 次の文の(　)に当てはまる言葉を，〔　〕から選んで答えなさい。

①(　　　　　　　)　②(　　　　　　　)
③(　　　　　　　)　④(　　　　　　　)

　平泳ぎのターンでは，(　①　)を同時に壁につける。これは，(　②　)のターンと同じである。

　上の図の背泳ぎのターンでは，壁面に体の(　③　)が接触するまでは，(　④　)の姿勢を崩してはいけない。

〔　あおむけ　　うつ伏せ　　クロール　　バタフライ　　右手
　　左手　　両手　　一部　　水面　　水中　　飛び込み　〕

④ 個人メドレー・メドレーリレー 下の図は，個人メドレーとメドレーリレーの泳法の順序を表したものである。これについて，あとの問いに答えなさい。

5点×8(40点)

⑦　バタフライ → ① → ② → ③

⑦　④ → ⑤ → バタフライ → ⑥

(1) 図の⑦，⑦はそれぞれ個人メドレーとメドレーリレーのうち，どちらの泳法の順序を表しているか。

⑦(　　　　　　　)　⑦(　　　　　　　)

(2) 図の①～⑥に当てはまる泳法を答えなさい。

①(　　　　　　　)　②(　　　　　　　)　③(　　　　　　　)
④(　　　　　　　)　⑤(　　　　　　　)　⑥(　　　　　　　)

保体
メモ
　❸ターンには，一般的なハンドタッチターンとクイックターン(フリップターン)があるよ。
　❹「メドレー」は「いろいろな曲を演奏する」という，音楽から生まれた言葉だよ。

解答 p.16

確 ステージ **1**
認 のワーク

1　バスケットボール

教科書の要点　（　　　）に当てはまる語句を答えよう。

1 基本の知識

(1)　バスケットボールは，1891年に（①　　　　　　　　）で，YMCAの体育教師であった

（②　　　　　　　　　）によって考え出された。

(2)　バスケットボールは，1チーム（③　　　　　　　　）人の2チームが得点を競い合うスポ

ーツであり，シュートしたボールがゴールを通過すると得点となる。スリーポイントエリ

アから入れば（④　　　　　　　）点，ツーポイントエリアから入れば（⑤　　　　　　　）

点，フリースローでは（⑥　　　　　　　）点得点できる。

(3)　ツーポイントエリアを除いた部分がスリーポイントエリアとなる。

●競技場（コート）

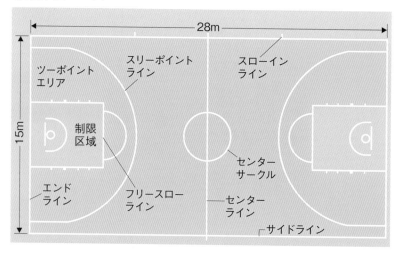

バスケットの後ろにはバックボードがあるね。

2 基本の用語

◆（⑦　　　　　　　）…ゴール（バスケット）にボールを投げ入れること。

◆（⑧　　　　　　　）…ボールをバウンドさせながら移動すること。

◆（⑨　　　　　　　）…ボールを味方のプレイヤーに渡すこと。

◆（⑩　　　　　　　）…シュートが外れたボールを取ること。

◆（⑪　　　　　　　）…ゴール（バスケット）に向かってドリブルしていくこと。

◆（⑫　　　　　　　）…ゴール付近に味方のプレイヤーを置いて攻撃するプレイ。

◆スクリーンプレイ…味方のプレイヤーを壁のように利用して相手の防御者の動きを封じる

プレイ。

◆（⑬　　　　　　　）…3歩以上，ボールを持って歩く違反。

◆（⑭　　　　　　　）…両手で連続してドリブルしたり，ドリブル中に両手でボールに触れ

た後，再びドリブルしたりする違反。ダブルドリブルともいう。

3 基本の技術

● チェストパス

両手首のスナップ
をきかせる。

● ショルダーパス

手首のスナップ
をきかせる。

● ピボットターン（フロントターン）

軸足

● ランニングシュート（レイアップ）

リングにそっと
⑮（　　　　　　　）
ような感じで
シュートする。

ひざを高く
引き上げる。

1歩目は大きく。　　　2歩目は小さく。

おさえる ポイント　□ドリブル　　□リバウンド　　□トラベリング　　□イリーガルドリブル
□チェストパス　　□ランニングシュート（レイアップ）

定着のワーク ステージ**2**

1 バスケットボール①

/100

1 **競技場** 下の図は，バスケットボールの競技場を表している。これについて，あとの問いに答えなさい。

3点×10（30点）

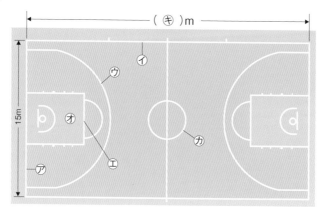

(1) 図の⑦〜⑰を何というか。

⑦（ 　　　　　） ⑦（ 　　　　　） ⑦（ 　　　　　）
⑦（ 　　　　　） ⑦（ 　　　　　） ⑰（ 　　　　　）

(2) 図の⑨に当てはまる数字を答えなさい。 （ 　　　　　）

(3) 次の文の（ ）に当てはまる数字や言葉を答えなさい。

①（ 　　　　） ②（ 　　　　） ③（ 　　　　）

　　バスケットボールは，1チーム（ ① ）人で，2チームがボールを奪い合い，パスや（ ② ）などでボールを進め，相手のゴールに（ ③ ）して得点を競い合うスポーツである。

2 **ルール** 次の文は，それぞれバイオレーションとプレイヤーファウルのどちらか。バイオレーションはア，プレイヤーファウルはイと答えなさい。

4点×5（20点）

(1) 攻撃側が相手の制限区域内に3秒以上とどまっている。 （ 　　　）

(2) 手で相手を押す。 （ 　　　）

(3) 相手に突き当たる。 （ 　　　）

(4) ボールを持ったまま3歩以上歩く。 （ 　　　）

(5) ドリブル中に両手でボールを持ち，再びドリブルする。 （ 　　　）

3 **ルール** **2**のバイオレーションやプレイヤーファウルをそれぞれ何というか。

(1) （ 　　　　　　　） (2) （ 　　　　　　　）

4点×5（20点）

(3) （ 　　　　　　　） (4) （ 　　　　　　　）

(5) （ 　　　　　　　）

保体メモ **2**ファウルを除く全ての違反をバイオレーションというよ。この他にどんなものがあるか，確認しよう。

④ 審判の合図 下の図は，バスケットボールの審判の合図を表したものである。これについて，あとの問いに答えなさい。

⑦ 　　⑦ 　　⑦

(1) 図の⑦〜⑦は何を表しているか。〔 〕から選んで答えなさい。

⑦（　　　　　　　　　　） ⑦（　　　　　　　　　　　　） ⑦（　　　　　　　　　　　　）

〔 チャージング　イリーガルユースオブハンズ　イリーガルドリブル
　フリースロー　トラベリング　プッシング　ブロッキング 〕

(2) 次のバイオレーションやプレイヤーファウルに当てはまる合図を，図の⑦〜⑦から選びなさい。

① 相手の進路を妨げた。　　　　　　　　　　　　　　　　　　　　　（　　　）

② ボールを持ったまま4歩進んだ。　　　　　　　　　　　　　　　　（　　　）

③ ボールをたたくつもりだったが，相手の手をたたいてしまった。　　（　　　）

⑤ 技術 下の図の技術について，あとの問いに答えなさい。

⑦ 　　⑦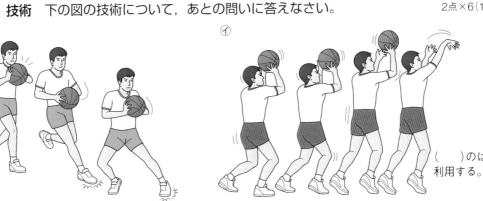

（　　　）のばねを利用する。

(1) 次の文の（　）に当てはまる数字や言葉を，〔 〕から選んで答えなさい。

①（　　　　　　　　　） ②（　　　　　　　　　） ③（　　　　　　　　　）

④（　　　　　　　　　） ⑤（　　　　　　　　　）

図の⑦は，ボールをキャッチした後（ ① ）歩でストップする（ ② ）という技術である。⑦は，ボールを（ ③ ）の近くに構えて（ ④ ）せずに行う（ ⑤ ）という技術である。

〔 ジャンプ　ジャンプシュート　ジャンプストップ　胸　腰　目
　ストライドストップ　1　2　3　セットシュート 〕

(2) 図の⑦の（　）に当てはまる体の部位を答えなさい。　　　　　　（　　　　　　　）

保体メモ ④これらの合図は，笛をふいて，バイオレーションやファウルの合図をしてから行うよ。

1　バスケットボール②

❶ **ルール**　バスケットボールのルールについて，次の問いに答えなさい。　5点×9(45点)

(1)　ボールを境界線の外に出したり，ボールを持って境界線を踏んだり踏み越えたりすることを何というか。カタカナ9文字で答えなさい。　（　　　　　　　）

(2)　次の文の（　）に当てはまる言葉や数字を答えなさい。

①（　　　　　　）　②（　　　　　　）　③（　　　　　　）
④（　　　　　　）　⑤（　　　　　　）　⑥（　　　　　　）

　　両チームのプレイヤーがボールに片手または両手をかけてはなさないときは，ヘルドボールとなり，（ ① ）によってゲームを再開する。

　　攻撃側が相手の（ ② ）内に（ ③ ）秒以上とどまると，違反となる。

　　フリースローやスローインは，（ ④ ）秒以内に行わなければならない。

　　バックコート内でボールをライブでコントロールしたチームは，（ ⑤ ）秒以内にボールをフロントコートに進めなければならない。

　　ボールをライブでコントロールしたチームは（ ⑥ ）秒以内にシュートしなければならない。

(3)　相手を押さえるファウルを何というか。　（　　　　　　　）

(4)　シュートをしようとしているプレイヤーに(3)のファウルをしてしまったが，シュートは成功した。この場合，どのような罰則となるか。次のア～ウから選びなさい。　（　　　　　　　）

ア　得点となり，ファウルをされたプレイヤーに1個のフリースローが与えられる。
イ　得点となり，ファウルをされたプレイヤーに2個のフリースローが与えられる。
ウ　得点とならず，ファウルをされたプレイヤーに2個のフリースローが与えられる。

❷ **技術**　右の図の技術について，次の問いに答えなさい。　5点×2(10点)

(1)　右の図の技術を何というか。　（　　　　　　　）

(2)　図の技術はどんなときに用いるとよいか。次のア～ウから適切なものを選びなさい。　（　　　　）

ア　フリースローなど，相手の防御がないとき。
イ　相手の防御をかわして高い位置からシュートするとき。
ウ　ゴール下に走り込んで，リング近くでシュートするとき。

❸ **防御の方法** 相手の攻撃に対する防御の方法について，次の問いに答えなさい。

5点×3（15点）

(1) 次の文の（　）に当てはまる言葉を答えなさい。

①（　　　　　　　　　　　　　）　②（　　　　　　　　　　　）

　　プレイヤー一人ひとりが決められた相手をマークする防御方法を（　①　）という。
この防御方法では，はじめはパスを防ぐためにボール側を守り，パスを通されたら
（　②　）側を守る。

レベルUP! (2) 下の図の㋐～㋓のうち，上の文で表した防御方法として最もよいものはどれか。

（　　　）

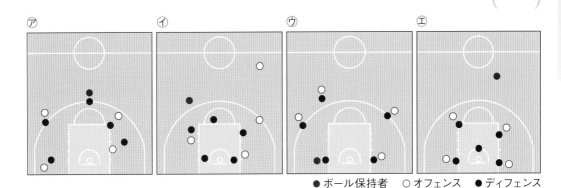

● ボール保持者　○ オフェンス　● ディフェンス

❹ **総合問題** 次の文のうち，正しいものには○，間違っているものには×をつけなさい。

4点×5（20点）

①（　　　）ドリブルは，ボールだけを見ながら行う。

②（　　　）シュートは，ボールが速くまっすぐに飛ぶように力強く行う。

③（　　　）守備（ディフェンス）の構えは，ひざを曲げて腰を落とし，一方の手を上げ，もう
　　　　　　一方の手は前に出す。

④（　　　）ドリブルをやめて止まったときに相手チームのプレイヤーが近づいてきた場合は，
　　　　　　再びドリブルをして引き離すとよい。

⑤（　　　）相手チームのプレイヤーが近くにいる場合と離れている場合では，ドリブルの姿
　　　　　　勢が違う。

❺ **総合問題** バスケットボールのルールやパスについて，次の問いに答えなさい。

5点×2（10点）

記述 (1) 3秒ルールとはどのようなものか。簡単に説明しなさい。

（　　　　　　　　　　　　　　　　　　　　　　　　　　　　　　　　）

(2) ノーマークで走っている味方に長いパスをする場合，どのようなパスを行うのがよいか。
〔　〕から選んで答えなさい。　　　　　　　　　　　　　　（　　　　　　　）

〔　チェストパス　　バウンスパス（バウンズパス）　　ショルダーパス　〕

保体メモ ❸地域を分担して守る方法と，決められた相手を守る方法があるね。守る側をディフェンス，攻
める側をオフェンスというよ。

解答 p.16

確認のワーク ステージ❶ 2 サッカー

教科書の要点 （　　）に当てはまる語句を答えよう。

❶ 基本の知識

(1) 18世紀にイギリスのパブリックスクールでサッカーの原形ができ，その後，（①　　　　　　　）国内でサッカー協会が設立され，1904年に国際サッカー連盟が結成された。

(2) 1930年には第1回ワールドカップが開催された。

(3) サッカーは，1チーム（②　　　　　　　）人で，2チームが（③　　　　　　　）や腕を使わずに相手チームの（④　　　　　　　）にボールを入れて得点を競うゲームである。

●ゴール

クロスバー

ゴールポスト

●フィールド（競技場）

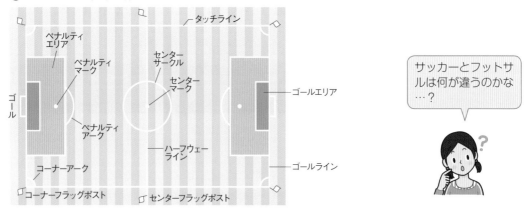

タッチライン
ペナルティエリア
ペナルティマーク
センターサークル
センターマーク
ゴール
ゴールエリア
ペナルティアーク
ハーフウェーライン
コーナーアーク
ゴールライン
コーナーフラッグポスト
センターフラッグポスト

> サッカーとフットサルは何が違うのかな…？

❷ 基本の用語

◆（⑤　　　　　　　）…キックやヘディングなどで相手ゴールにボールを入れようとすること。

◆（⑥　　　　　　　）…ボールをコントロールして足で運ぶこと。

◆（⑦　　　　　　　）…ボールを味方プレイヤーに渡すこと。

◆（⑧　　　　　　　）…見せかけの動作によって相手をあざむき，相手の逆をつくプレイ。

◆（⑨　　　　　　　）…「待ちぶせ」を禁止するルール。相手陣内で後ろからきたパスを受ける場合，その前方に相手プレイヤーがゴールキーパーを含めて2人以上いなければならない。

◆（⑩　　　　　　　）…足の外側。

◆（⑪　　　　　　　）…足の内側。

◆（⑫　　　　　　　）…足の甲。

◆マーク…相手プレイヤーの動きに合わせてポジションをとり，ボールを奪うための態勢をとること。

③ 基本の技術

● インサイドキック

ボールに対し，
まっすぐに入る。

つま先を外に向け，
足の内側で蹴る。

● アウトサイドキック

つま先を内側
に向ける。

足首を固定
し，足の外
側で蹴る。

● インステップキック

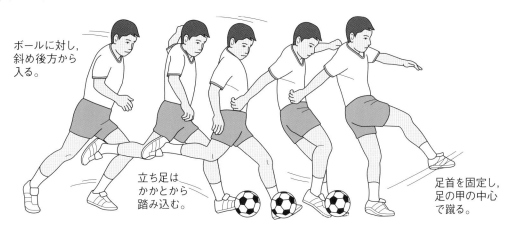

ボールに対し，
斜め後方から
入る。

立ち足は
かかとから
踏み込む。

足首を固定し，
足の甲の中心
で蹴る。

おさえる
ポイント

☐シュート　　☐ドリブル　　☐パス　　☐フェイント　　☐オフサイド
☐インサイドキック　　☐アウトサイドキック　　☐インステップキック

定着のワーク ステージ❷

2 サッカー

解答 p.17

/100

❶ 競技場 下の図は，サッカーのフィールドの様子である。これについて，あとの問いに答えなさい。

4点×10（40点）

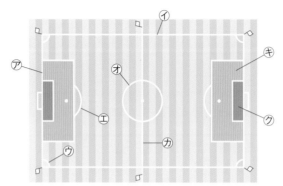

(1) 図の㋐～㋕を何というか。

㋐（　　　　　） ㋑（　　　　　） ㋒（　　　　　）

㋓（　　　　　） ㋔（　　　　　） ㋕（　　　　　）

(2) 図の㋖，㋗のエリアを何というか。

㋖（　　　　　） ㋗（　　　　　）

(3) 次の文の（　）に当てはまる言葉を答えなさい。

①（　　　　　） ②（　　　　　）

　サッカーのゲームは，（ ① ）内のセンターマークに置かれたボールを前方へ蹴ることから始められる。これを（ ② ）という。

❷ ルール サッカーのルールについて，次の問いに答えなさい。

2点×3（6点）

図1
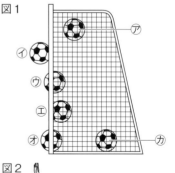

(1) 図1の㋐～㋕のうち，ゴールインとなるものをすべて選びなさい。（　　　　　）

(2) 地上，空中のどちらでも，ボールがゴールラインまたはタッチラインを完全に越えることを何というか。次の**ア**～**ウ**から選びなさい。（　　　）

ア インプレイ　**イ** アウトオブプレイ

ウ オフサイド

(3) 図2の審判の合図は，何を示しているか。次の**ア**～**ウ**から選びなさい。（　　　）

ア スローイン　**イ** 間接フリーキック

ウ コーナーキック

図2

保体メモ ❷(1)ゴールインでないものを，ノーゴールというよ。ゴールキーピングには，パンチングなどの技術もあるよ。

③ 技術 サッカーの技術について，次の問いに答えなさい。 3点×8（24点）

よく出る (1) 足の外側を使った，正面や斜め前方に蹴るキックを何というか。 （　　　　　）

(2) (1)のキックを表している図を，下の⑦～⑨から選びなさい。 （　　　）

よく出る (3) 足の内側を使った，ボールのコントロールを重視したキックを何というか。
（　　　　　）

(4) (3)のキックを表している図を，下の⑦～⑨から選びなさい。 （　　　）

よく出る (5) 足の甲を使った，遠くに強く蹴るキックを何というか。 （　　　　　）

(6) (5)のキックを表している図を，下の⑦～⑨から選びなさい。 （　　　）

(7) 転がってくるボールを処理することを何というか。 （　　　　　）

(8) 高いボールを額の中心でとらえて処理する技術を何というか。 （　　　　　）

 ⑦　 ⑦　 ⑨

実技編　3章

④ ゲームの流れ 右の図は，サッカーのフィールドの
一部を表したものである。次の文の（　）に当てはまる記
号や言葉を答えなさい。 3点×8（24点）

① （　　　　　） ② （　　　　　）
③ （　　　　　） ④ （　　　　　）
⑤ （　　　　　） ⑥ （　　　　　）
⑦ （　　　　　） ⑧ （　　　　　）

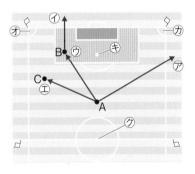

　Aのキックしたボールが⑦からフィールド外に出たときは，図の（　①　）から
（　②　）をしてゲームを再開する。

　Aのキックしたボールが相手チーム（防御側）のBの足に当たって⑦からフィー
ルド外に出たときは，図の（　③　）から（　④　）をしてゲームを再開する。

　Aのキックしたボールを相手チームのBが⑦の位置で意図的に手で止めてしまっ
たときは，図の（　⑤　）の位置から（　⑥　）をしてゲームを再開する。

　Aのキックしたボールを相手チームのCが⑦の位置で意図的に手で止めてしまっ
たときは，図の（　⑦　）の位置から（　⑧　）をしてゲームを再開する。

⑤ 総合問題 次の文のうち，正しいものには○，間違っているものには×をつけなさい。

2点×3（6点）

① （　　　）味方にオフサイドの反則があったので，相手側の間接フリーキックとなった。

② （　　　）スローインで，投げ終わるまでに片足を地面から離してしまい，違反となった。

③ （　　　）攻撃の中心となるポジションをディフェンダー（DF）という。

保体メモ ③(1)～(6)足のどの部分を使うキックを，どんな場面で使うとよいか，整理しておこう。④ゲーム
の流れと再開の仕方を整理しておこう。

解答 p.17

確認のワーク ステージ **1**

3 ハンドボール・ソフトボール

教科書の要点 （　）に当てはまる語句を答えよう。

1 基本の知識

●ハンドボール

(1) （① 　　　　　　　）を中心に7人制ハンドボールが，（② 　　　　　　　）を中心に11人制ハンドボールが行われていたが，20世紀半ばに（③ 　　　　　　　）人制ハンドボールに統一された。

(2) ハンドボールは，交代プレイヤーを除いて1チーム（④ 　　　　　）人（1人はゴールキーパー）の2チームで，一定時間内に相手ゴールにシュートして得点を競うスポーツである。

(3) ゲーム中，プレイヤーは何回でも（⑤ 　　　　　　　）することができる。

(4) プレイヤーは，ボールを主に手で扱い，パスやドリブルで相手ゴールに攻める。

(5) ボールは最高（⑥ 　　　　　　　）秒持つことができ，ボールを持ったまま（⑦ 　　　　　　　）歩まで歩くことができる。

●競技場（コート）

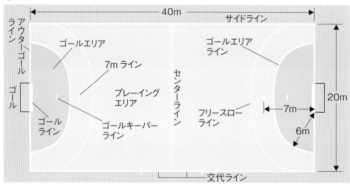

●ソフトボール

(6) 19世紀末からアメリカで行われていたインドアベースボール，ソフトベースボール，レディースボールなどが，1926年にYMCA主事のホケンソンによってソフトボールと命名された。

(7) ソフトボールは，1チーム（⑧ 　　　　　　　）人の2チームが攻撃と守備に分かれて規定の回数内で得点を競い合うスポーツである。

(8) 攻撃側の（⑨ 　　　　　　　）人がアウトになると攻守交代となる。

●守備位置とプレイヤーの名称

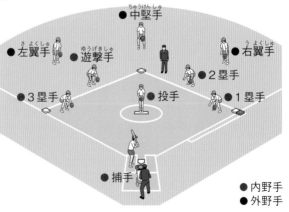

❷ 基本の用語

●ハンドボール

◆（ ⑩　　　　　　　　）…ゴールエリアラインで囲まれた，ゴールキーパーだけが入ることが
　　　　　　　　　　　できる地域。

◆カットイン…防御のすき間に走り込んで攻めるプレイ。

◆（ ⑪　　　　　　　　）…相手ゴールの近くにいるポストプレイヤーを利用する攻撃方法。

●ソフトボール

◆イニング…チームで1回ずつの攻撃と守備のこと。

◆ピッチング…打者がバッターズボックスに構えているとき，投手が（ ⑫　　　　　　　）に
　　　　　　　向かって投げること。投球。

◆バッティング…投球を打つこと。打撃。

◆ダブルプレイ…攻撃チーム2人を一連のプレイでアウトにすること。

❸ 基本の技術

●ハンドボール
●ジャンプシュート

左肩を前に出し，ひじを肩より高く上げる。

ひじを上げて後方に引き，踏み切りに合わせてバックスイング。

左肩を投げる方向に向けて，左足で踏み切る。

右ひざを高く上げる。

高い位置でスナップをきかせてボールを放す。

●ソフトボール
●グラブの出し方

正面のボール　　外側のボール　　低いボール

グラブはボールに対して直角に向ける。

●バットを持つ位置

グリップエンド近くを持つ（長く持つ）と，長打が出やすい。

グリップエンドから，拳1つ半ほどあけて持つ（短く持つ）と，ミートしやすい。

グリップエンド

 おさえるポイント

| ハンドボール | □ゴールエリア | □ジャンプシュート | □ポストプレイ |
| ソフトボール | □ピッチング | □バッティング | □ダブルプレイ |

実技編　3章

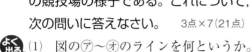

解答 p.17

3 ハンドボール・ソフトボール

/100

1 **競技場** 右の図は，ハンドボール
の競技場の様子である。これについて，
次の問いに答えなさい。 3点×7（21点）

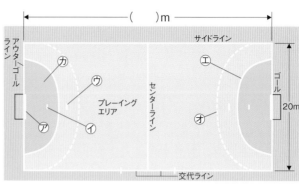

よく出る (1) 図の⑦〜㋔のラインを何というか。

⑦ （　　　　　　　　　　　）

① （　　　　　　　　　　　）

⑦ （　　　　　　　　　　　）

㋒ （　　　　　　　　　　　）

㋔ （　　　　　　　　　　　）

よく出る (2) 図の㋕の領域を何というか。 （　　　　　　　　　）

(3) 図の（　）に入る数字を答えなさい。 （　　　　　　　　　）

2 **ハンドボール** ハンドボールのゲームやルールについて，次の問いに答えなさい。

2点×11（22点）

(1) ハンドボールのゲームは，一方のチームが何というプレイをすることで開始されるか。

（　　　　　　　　　）

(2) 次の文は，ハンドボールのルールについて述べたものである。（　）に当てはまる言葉を
答えなさい。

① （　　　　　　　） ② （　　　　　　　　） ③ （　　　　　　　　）

④ （　　　　　　　） ⑤ （　　　　　　　　） ⑥ （　　　　　　　　）

ボールがサイドラインの外に完全に出たとき，最後にボールに触れたプレイヤーの
相手側が（ ① ）を行う。

ボールが，攻撃側のプレイヤーか守備側のゴールキーパーに最後に触れて守備側の
アウターゴールラインの外に出たとき，守備側のゴールキーパーが（ ② ）を行う。

3秒を超えてボールを手に持っていると（ ③ ），ボールを持って3歩を超えて動
くと（ ④ ）の反則になり，どちらも相手側の（ ⑤ ）となる。

相手に明らかに得点のチャンスがあるのに，反則して妨害したときは，相手に
（ ⑥ ）が与えられる。

(3) 次の①〜④のようなとき，何という反則になるか。それぞれ答えなさい。

① 相手をたたく。 （　　　　　　　　　）

② 相手に突き当たる。 （　　　　　　　　　）

③ 相手を手や腕で押す。 （　　　　　　　　　）

④ 相手をつかまえる。 （　　　　　　　　　）

保体メモ ❷ハンドボールの動きに慣れるためには，準備運動で肩や股関節をほぐしておくといいよ。

ハンドボール 下の図について，あとの問いに答えなさい。 3点×3(9点)

(1) 図の⑦のシュートと⑦のパスをそれぞれ何というか。

⑦( ) ⑦( )

(2) 次の文の( )に当てはまる言葉を答えなさい。 ( )

⑦のシュートでは，クロスステップをしながら( )をし，全身を使ってボールを投げる。

④ **ソフトボール** 右の図について，次の問いに答えなさい。 3点×10(30点)

(1) 右の図の①～⑨のポジションを何というか。

① ( ) ② ( )
③ ( ) ④ ( )
⑤ ( ) ⑥ ( )
⑦ ( ) ⑧ ( )
⑨ ( )

(2) ソフトボールのベースとベースの間の距離は約何mか。 ( )

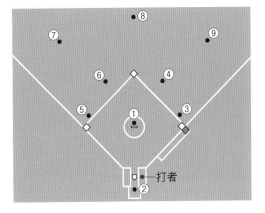

⑤ **ソフトボール** ソフトボールについて，次の問いに答えなさい。 3点×6(18点)

(1) 右の図の⑦～⑰のうち，ストライクゾーンの上限と下限はどれとどれか。 ( )

(2) ピッチングの技術のうち，次のような投げ方を何というか。

① 腕を後方に振り上げて投げる。( )

② 腕を1回転させて投げる。( )

(3) 次の文のうち，正しいものには○，間違っているものには×をつけなさい。

① ( ) アウトにならないように塁に向かって滑り込む技術をスライディングという。

② ( ) 高く空中に上がった打球をゴロという。

③ ( ) 打ったフライがノーバウンドでキャッチされると，アウトとなる。

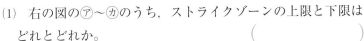

③⑦は遠くの味方にパスするときに使うよ。④ソフトボールでは，球審が「プレイボール」と告げてゲームが開始されるよ。

解答 p.17

確 ステージ **1**
認 のワーク

4 バレーボール

教科書の要点 （　）に当てはまる語句を答えよう。

1 基本の知識

(1) バレーボールは，アメリカのW.G.モルガンによって老若男女誰もが気軽に楽しめるスポーツとして考え出されたもので，（① 　　　　　　　）をはさんで2チームが得点を競い合うスポーツである。

(2) 国際的に行われている（② 　　　　　　　）人制と東洋で発達した9人制があり，どちらも味方の攻撃が成功した場合や相手側にミスや反則があった場合に（③ 　　　　　）点得点することができる。

(3) 相手コートに（④ 　　　　　　　）を打ち入れてプレイ開始となる。

●競技場（6人制）

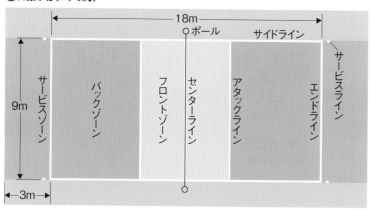

2 基本の用語

◆（⑤ 　　　　　　　）…サービスゾーンから相手コートにボールを打ち入れること。これによってプレイ開始となる。

◆（⑥ 　　　　　　　）…サービスやスパイクなど，相手からのボールを受けること。

◆（⑦ 　　　　　　　）…ネット際でスパイクを打つ人にボールを上げること。

◆（⑧ 　　　　　　　）…ジャンプして相手コートにボールを強く打ち返す攻撃方法。

◆（⑨ 　　　　　　　）…相手が打ち込んでくるボールをネット上でジャンプして止めること。

◆（⑩ 　　　　　　　）…トスを上げるプレイヤー。

◆（⑪ 　　　　　　　）…守備専門のプレイヤー。

◆ラリー…互いにボールを落とさず，打ち合いを続けること。

◆三段攻撃…パス（レシーブ）からトスを上げて，3打目でスパイクなどを打ち，相手に攻撃する方法。

バレーボールでは3打目で相手コートにボールを返すプレイが基本となるよ。

❸ 基本の技術

●オーバーハンドパス

ボールの(⑫　　　)を
予測して移動する。

ボールを額の前
まで引き付ける。

ボールをひざの
ばねと手首のス
ナップを使って
送り出す。

●アンダーハンドパス

手首とひじを伸ばす。
上面を平らにする。

ひざを曲げてボールを
手もとに引き付ける。

ひざのばねを使って
ボールを送り出す。

●アンダーハンドサービス

ネットに正対
し，後ろ足に
体重を乗せて
構える。

バックスイングで後ろ足
に体重を移し，トスを
低めに上げる。

体重を(⑬　　　)に
移しながら打つ。

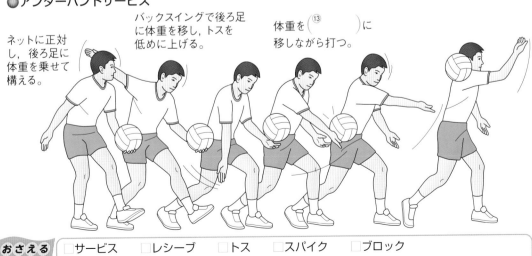

**おさえる
ポイント**

☐サービス　☐レシーブ　☐トス　☐スパイク　☐ブロック
☐セッター　☐リベロ

定着のワーク ステージ**2**

4 バレーボール①

解答 p.18

/100

① **技術** 下の図について，あとの問いに答えなさい。 3点×11（33点）

㋐ ㋑

㋒

 (1) 上の㋐～㋒の技術をそれぞれ何というか。

㋐（　　　　　　　　）㋑（　　　　　　　　）㋒（　　　　　　　　）

(2) 次の文の（　）に当てはまる言葉を答えなさい。

①（　　　　　）②（　　　　　）③（　　　　　）④（　　　　　）

⑤（　　　　　）⑥（　　　　　）⑦（　　　　　）⑧（　　　　　）

　㋐では，ボールの（　①　）に移動し，（　②　）を十分に曲げてひじと手首をやわらかくし，両手を額の前で（　③　）をつくるようにして構える。ボールに触れたら，（　④　）のスナップとひざのばねを使って斜め前にボールを送り出す。

　㋑では，ボールの（　⑤　）に移動し，（　⑥　）を曲げて両腕をそろえて（　⑦　）を伸ばし，ひざのばねを使ってボールを送り出す。

　㋒では，足を蹴り上げ，上体を反らして，打つ瞬間は手のひら全体で（　⑧　）をきかせ，体側に沿って振り下ろす。

② **ルール** 6人制バレーボールについて，次の問いに答えなさい。 3点×2（6点）

(1) 同じプレイヤーが2回続けてボールに触れることを何というか。

（　　　　　　　　　　　　）

(2) 新たにサービスを得たとき，各プレイヤーが時計回りにポジションを1つずつ移動することを何というか。

（　　　　　　　　　　　　）

保体メモ ①(1)㋐は高いボールを受けるとき，㋑は低いボールを受けるときに向いている技術だよ。
②各ポジションの名称も覚えておこう。

③ 技術 下の図について，あとの問いに答えなさい。 5点×8（40点）

(1) 図のようなサービスを何というか。 （　　　　　　）

(2) 次の文は，図のサービスについて述べたものである。（　）に当てはまる言葉を，〔　〕から選んで答えなさい。

①（　　　　　） ②（　　　　　） ③（　　　　　）
④（　　　　　） ⑤（　　　　　） ⑥（　　　　　）
⑦（　　　　　）

　両足を（①）に開いて（②）に正対して構え，体重は（③）に乗せる。バックスイングをして（④）を上げたら体重を（⑤）に移しながら（⑥）を伸ばして腕を（⑦）にスイングする。

〔　足首　　ひざ　　前足　　後ろ足　　左右　　前後
　　パス　　ネット　　前　　後ろ　　トス　　上　〕

④ 総合問題 バレーボールについて，次の問いに答えなさい。 3点×7（21点）

(1) 守備専門のプレイヤーを何というか。 （　　　　　　）

(2) 右の図のように，相手のスパイクをジャンプしてネット上で止めることを何というか。 （　　　　　）

(3) ネットの上部の白帯に触れた場合，何という反則になるか。 （　　　　　）

(4) チームが相手コートにボールを返す前に4回触れた場合，何という反則になるか。 （　　　　　）

(5) サービスをするときにエンドラインを踏んだり踏み越したりした場合，何という反則になるか。 （　　　　　）

(6) ラリーに勝ったとき，何点得点できるか。 （　　　　　　）

(7) 相手チームに反則があったとき，何点得点できるか。 （　　　　　　）

保体メモ ③サービスでは，体重をしっかりと移動させることがポイントだよ。④(1)他のプレイヤーとは違う色のユニフォームを着ているよ。

定着のワーク ステージ**2**

4 バレーボール②

解答 p.18

/100

よく出る ① **競技場** 右の図は，バレーボールの競技場を表している。⑦〜㊀のラインと㋐〜㋖のゾーンの名称を答えなさい。

4点×7（28点）

⑦ （　　　　　　　　　）
⑦ （　　　　　　　　　）
⑦ （　　　　　　　　　）
㊀ （　　　　　　　　　）
㋐ （　　　　　　　　　）
㋕ （　　　　　　　　　）
㋖ （　　　　　　　　　）

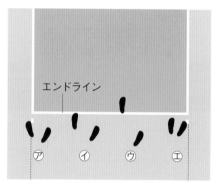

② **ルール** 6人制バレーボールのルールについて，次の問いに答えなさい。 4点×2（8点）

（1） サービスのときの足の位置が右の図のようであるとき，フットフォールトに当たるものはどれか。⑦〜㊀から全て選びなさい。 （　　　　　　　　）

（2） 次の**ア〜オ**の文のうち，間違っているものを全て選びなさい。 （　　　　　　　　）

ア リベロプレイヤーは，サービスやブロックはできない。

イ ボールを明らかに静止させた場合，ダブルコンタクトとなる。

ウ ローテーションとは，反時計回りにポジションを1つずつ移動することである。

エ スパイクを打つプレイヤーにトスを上げるプレイヤーを，セッターという。

オ 1チームは1セットにつき6回までプレイヤーを交代できる。

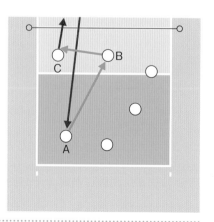

③ **ゲーム** 右の図について，次の文の（　）に当てはまる言葉や記号を答えなさい。 4点×3（12点）

① （　　　　　　　） ② （　　　　　　　）
③ （　　　）

相手からの（ ① ）を受けたAが（ ② ）を行ってBにボールを渡した。Bは（ ③ ）にトスし，（ ③ ）がジャンプしてスパイクを打った。

保体メモ **①**ラインの名称だけでなく，ゾーンの名称も覚えておこう。 **②**(1)サービスのときの足の位置だよ。
③三段攻撃の動きだね。

4 **技術** 下の図について，あとの問いに答えなさい。 4点×3（12点）

(1) 図の技術を何というか。 （ ）

(2) 次の文は，図の技術について述べたものである。（ ）に当てはまる言葉を答えなさい。
① （ ） ② （ ）

　腕は（ ① ）から振り上げ，トスを上げて後ろ足から前足に（ ② ）を移動させながらボールを打つ。

5 **技術** 下の図のバレーボールの技術について，あとの問いに答えなさい。 5点×5（25点）

(1) 図の⑦～⑤の技術を何というか。
⑦ （ ） ⑦ （ ）
⑦ （ ） ⑤ （ ）

記述 (2) 図の⑦の技術では，ボールを受ける前，手をどの位置でどのようにするか。
（ ）

6 **審判の合図** 右の図は，バレーボールの審判の合図について表したものである。それぞれの図が表す合図は何か。 5点×3（15点）

⑦ （ ）
⑦ （ ）
⑦ （ ）

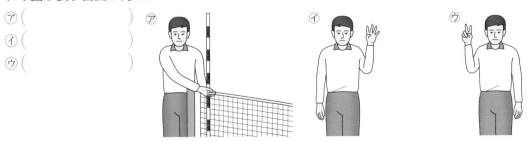

保体メモ **4** 腕だけでなく，体重の移動を利用して打とう。 **5** (2)手の形をどのようにすればよかったかな？
6 それぞれの反則の内容を確認しておこう。

解答 p.18

確認のワーク ステージ①

5 卓球・ソフトテニス・バドミントン

教科書の要点 ( )に当てはまる語句を答えよう。

1 基本の知識

●卓球

(1) 卓球は，19世紀にテニスを室内で楽しむために考案されたといわれており，プレイヤーが（①　　　　　）をはさんでシングルスやダブルスでボールを打ち合い，得点を競い合うスポーツである。

シングルスは1対1，ダブルスは2対2だよ。

●ソフトテニス

(2) テニスの起源は，11世紀頃の（②　　　　　　）で考案された手のひらで打つボールゲームであり，19世紀に芝のコートで行われる「ローンテニス」（硬式テニス）が考案された。

(3) ローンテニスは，1878年に日本に伝えられた。1890年に日本初のテニス用の国産ゴムボールがつくられ，これがソフトテニスの始まりとなった。

●バドミントン

(4) バドミントンは，（③　　　　　　）をはさんでシングルスやダブルスで（④　　　　　　）を打ち合い，得点を競い合うスポーツである。

2 基本の用語

●卓球

◆（⑤　　　　　　）…サービスを返球すること。

◆ラリー…互いにボールを打ち合っている状態。

◆ショート…相手からのボールがバウンドして最高点に達する前に小さなスイングで打つ打球，またはその打ち方。

◆（⑥　　　　　　）…相手コートに向かって力強く打ち込む打球，またはその打ち方。

●ソフトテニス

◆（⑦　　　　　　）…ワンバウンドしたボールを打つ打法。

◆（⑧　　　　　　）…ネット近くでバウンドする前のボールを直接打つこと。

◆（⑨　　　　　　）…高く上がってきたボールを上からたたき込むように打つ打法。

●バドミントン

◆（⑩　　　　　　）…シャトルを相手コートの後方に高く遠く飛ばすこと。

◆（⑪　　　　　　）…シャトルが飛ぶ軌跡。

◆オーバーヘッドストローク…頭より高い位置からラケットを振り下ろして打つこと。

◆アンダーハンドストローク…腰より下で，下から上に振り上げるように打つこと。

③ 基本の技術

●卓球

●スマッシュ

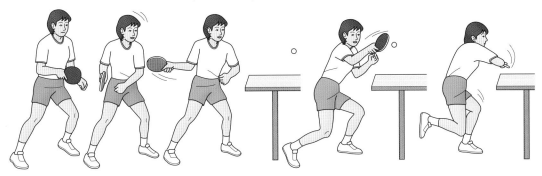

ひじを曲げて,
脇を締めた
バックスイング。

上体を大きくひねり,
ラケット面をかぶせ
て打つ。

左足に全体重を
かけて打ち込む。

●ソフトテニス

●フラットサービス

左手を上に伸ばして
バランスをとる。

右肩の上で，高い打点で
ボールをとらえる。

ひざを曲げ，タメをつくる。

●バドミントン

●アンダーハンドストローク（フォアハンド）

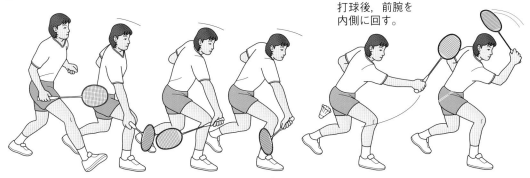

打球後，前腕を
内側に回す。

リストスタンドしたままグリップを
前方へ振り出す。

| おさえる ポイント | 卓球 | □レシーブ | □ラリー | ソフトテニス | □グラウンドストローク | □ボレー |
| バドミントン | □クリアー | □フライト | □アンダーハンドストローク |

定着のワーク ステージ**2**

解答 p.18

/100

5 卓球・ソフトテニス・バドミントン

① **卓球** 卓球について，次の問いに答えなさい。 6点×4(24点)

よく出る (1) 右の図のラケットの握り方をそれぞれ何というか。

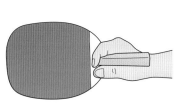

㋐
㋑

㋐ (　　　　　　)

㋑ (　　　　　　)

(2) 次の文の( )に当てはまる数字を答えなさい。

① (　　　　　　) ② (　　　　　　)

卓球では，サービスは（ ① ）本ごとに交代し，1ゲームは（ ② ）点を先取したほうが勝ちとなる。

② **ソフトテニス** ソフトテニスについて，次の問いに答えなさい。

6点×6(36点)

(1) 図1は，ソフトテニスのダブルスコートの様子である。図の㋐，㋑のラインをそれぞれ何というか。

図1

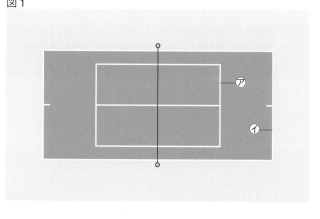

㋐
㋑

㋐ (　　　　　　)

㋑ (　　　　　　)

記述 (2) ダブルスとはどのようなことか。簡単に説明しなさい。

(　　　　　　　　　　　　　　　　　　　　　)

(3) 図2のようなラケットの握り方を何というか。

図2

(　　　　　　　　　　)

(4) 次の文の( )に当てはまる言葉を，〔 〕から選んで答えなさい。

① (　　　　　　) ② (　　　　　　)

相手の頭の上を放物線を描いて飛ぶ打球やその打ち方を（ ① ）という。また，ボールに順回転をかけることを（ ② ）という。

〔 グリップ　ドライブ　スピン　リターン　ロビング 〕

保体メモ ❶授業で練習した技術についても復習しておこう。❷(4)ボールにかかる回転によって，ボールの飛び方が変わってくるよ。

ソフトテニス　下の図の技術について，あとの問いに答えなさい。　5点×3（15点）

(1)　図の㋐は上から速いボールをたたき込むように打つ打法を表している。この技術を何というか。（　　　　　　　）

(2)　次のア〜ウのうち，㋑の技術について述べたものを選びなさい。（　　　　　　　）

　ア　ラケットを持つ方向に来た，ワンバウンドしたボールをとらえる。

　イ　ラケットと反対の手の方向に来た，ワンバウンドしたボールをとらえる。

　ウ　ラケットの面をボールのコースに合わせ，ノーバウンドで返球する。

(3)　㋑の技術を何というか。（　　　　　　　）

 バドミントン　下の図の技術について，あとの問いに答えなさい。　5点×5（25点）

(1)　上の図の技術を何というか。（　　　　　　　）

(2)　上の図の技術はどのような位置に来たシャトルに対して有効か。次のア〜エから選びなさい。（　　　　　　　）

　ア　高い位置　　**イ**　低い位置

　ウ　腰の位置　　**エ**　胸の位置

(3)　次の文のうち，正しいものには○，間違っているものには×をつけなさい。

　①（　　）サービスのとき，ラインを踏んでもよいが，踏み越してはいけない。

　②（　　）サービスの打球位置は，115cm以下にする。

　③（　　）同じプレイヤーが2回続けてシャトルを打ってもよい。

保体メモ ❸(1)体重を移動させ，全身を使って速くて強いボールを打つ技術だよ。❹フットワークについても復習しよう。

確認のワーク ステージ **1**

解答 p.19

1　柔道

教科書の要点　（　　　）に当てはまる語句を答えよう。

1 基本の知識

(1)　柔道は，1882年，（①　　　　　　　　　）によって創設された武道で，正式には日本講道館柔道という。

(2)　1951年に国際柔道連盟が発足し，1964年のオリンピック東京大会で正式種目に加えられて以来，柔道は世界的なスポーツとなっている。

(3)　柔道は，わが国の伝統的な（②　　　　　　　　　）や作法を重んじ，「精力善用，自他共栄」を理想とするため，相手を尊重する態度などを養うことができる。

(4)　柔道は，（③　　　　　　　　　）を着用し，相手と組み合って**投げ技**や**固め技**で攻防するスポーツである。

(5)　投げ技には，膝車（ひざぐるま），支えつりこみ足，大腰（おおごし），体落とし，大外刈り（おおそとがり）などがある。

(6)　固め技には，本けさ固め，横四方固め，上四方固めなどがある。

(7)　相手を尊重し，敬意を表す気持ちを形で表した作法を（④　　　　　　　　　）という。

● 立礼

約
30°

● 座礼

両手をハの字
につく。

2 基本の用語

◆（⑤　　　　　　　　）…技をかける人。

◆（⑥　　　　　　　　）…技をかけられる人。

◆（⑦　　　　　　　　）…投げられたり倒れたりしたときに衝撃（しょうげき）をできるだけ和らげて安全に倒れる方法。

◆（⑧　　　　　　　　）…相手の姿勢を不安定にすること。これにより技がかけやすくなる。

◆（⑨　　　　　　　　）…体の向きを変える方法の基本動作。

◆**かかり練習**…取（とり）と受（うけ）を決めて同じ技を繰り返し練習する方法。

◆**約束練習**…相手とあらかじめかける技や動きを約束して行う練習方法。

◆**自由練習**…自由に動いて技をかけ合う，技能や態度，精神などが身に付く総合的な練習方法。**乱取り**ともいう。

❸ 基本の技術

⬤受け身

⬤後ろ受け身

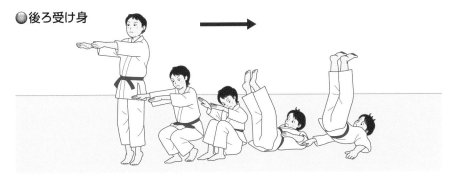

⬤前回り受け身

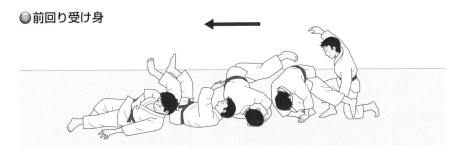

⬤投げ技

⬤膝車

左足の裏を
相手のひざに
当てる。

⬤大腰

相手を自分の
腰にのせて
投げる。

⬤固め技

⬤横四方固め

抑え込みの条件は，相手を大体
あおむけにすること，相手の上
で向かい合った形になっている
こと，足や胴をからまれていな
いことだよ。

おさえる ポイント	☐礼法	☐立礼	☐座礼	☐取	☐受	☐受け身	☐崩し
	☐体さばき	☐投げ技	☐固め技				

定着のワーク ステージ❷

1 柔道

解答 p.19

/100

よく出る **❶** **礼法** 柔道における礼法について，次の問いに答えなさい。 3点×6(18点)

(1) 座ってあいさつすることを何というか。 （　　　　　　　　）

(2) 次の文の（　）に当てはまる言葉や数字を，〔　〕から選んで答えなさい。

①（　　　　　　） ②（　　　　　　） ③（　　　　　　）

④（　　　　　　） ⑤（　　　　　　）

「礼」は相手の人格を尊重し，相手に（　①　）を表するものである。立礼は，背筋（せすじ）を伸ばし，上体を約（　②　）度曲げる。座るときは（　③　）足からひざをつき，立つときは（　④　）足からひざを立てる。これを（　⑤　）という。

〔
45　　30　　敵意　　右　　左　　敬意　　前
後ろ　　感謝　　左座右起（さざうき）　　拳　　背筋　　ハの字
〕

❷ **総合問題** 右の図は，柔道衣(ぎ)を表している。次の問いに答えなさい。 2点×12(24点)

(1) 図の㋐〜㋖の部分の名称をそれぞれ答えなさい。

㋐（　　　　　） ㋑（　　　　　）

㋒（　　　　　） ㋓（　　　　　）

㋔（　　　　　） ㋕（　　　　　）

㋖（　　　　　）

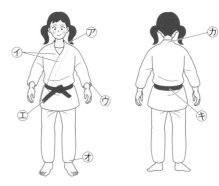

(2) 防御の姿勢である自護体に対し，基本の姿勢を何というか。 （　　　　　　）

(3) 相手と組み合った際，襟(えり)を持っている手を何というか。 （　　　　　　）

(4) 相手と組み合った際，袖(そで)を持っている手を何というか。 （　　　　　　）

(5) 相手を不安定な姿勢にすることを何というか。 （　　　　　　）

(6) (5)は何方向あるか。 （　　　　　　）

❸ **受け身** 右の図について，次の問いに答えなさい。 4点×2(8点)

(1) 右の図の受け身を何というか。

（　　　　　　　　）

記述 (2) 受け身をとるとき，あごを引いたり帯を見たりするのはなぜか。簡単に説明しなさい。

（　　　　　　　　　　　　　　　　　　　　　）

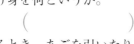

保体メモ ❷柔道衣のたたみ方や帯の結び方についても見直しておこう。 ❸(2)受け身は，けがを防いで安全に倒れるための方法だよ。

④ **投げ技**　下の図について，あとの問いに答えなさい。　　　　　4点×6（24点）

 ⑦　 ⑦　 ⑦

(1)　図の⑦〜⑦の技を何というか。〔　〕から選んで答えなさい。

⑦（　　　　　　）　⑦（　　　　　　）　⑦（　　　　　　）

〔　体落とし　　大腰　　膝車　　支えつりこみ足　〕

(2)　次の文は，⑦〜⑦のうち，どの技について述べたものか。

① 　相手の腰に腕を回して相手を自分の後ろ腰にのせて投げる。（　　　）

② 　左後ろさばきで体を開き，右足を相手の右足の前に出して投げる。（　　　）

③ 　膝車と同じ要領で行い，足の裏を相手の足首に当てて，回転させて投げる。（　　　）

⑤ **固め技**　下の図について，あとの問いに答えなさい。　　　　　4点×5（20点）

 ⑦　 ⑦

(1)　図の⑦，⑦の技を何というか。　⑦（　　　　　）　⑦（　　　　　）

(2)　次の文は，⑦の技について述べたものである。（　）に当てはまる言葉を答えなさい。

①（　　　　）　②（　　　　）　③（　　　　）

相手の（　①　）のほうからうつ伏せになり，両手で相手の（　②　）をつかみ，（　③　）で相手の上半身を抑える。

⑥ **審判の合図**　下の図は，柔道の主審の合図である。それぞれ何を表しているか。

3点×2（6点）

⑦（　　　　　）　⑦（　　　　　）

 ⑦　 ⑦

 ④⑤授業で習った投げ技や固め技について，それぞれの技のポイントを整理しておこう。
⑥柔道の勝敗の判定についても確認しておこう。

確認のワーク ステージ**1**

2 剣道・相撲

解答 p.19

教科書の要点 ( )に当てはまる語句を答えよう。

1 基本の知識

●**剣道**

(1) 剣道は，日本古来の伝統的な武術から発展した，相対した2人が（① ）を用いて攻防し合い，面，小手，（② ）などの有効打突（一本）を競うスポーツである。

(2) 剣道では，礼儀や節度ある態度，安全に対する注意が特に必要とされる。

●**相撲**

(3) 相撲は，（③ ）をつけた2人が（④ ）の中で組み合い，相手とぶつかったり直接組んだりして攻防するスポーツである。

(4) 相撲の起源は，4世紀頃に行われていた「力くらべ」といわれており，江戸時代には土俵が出現し，今日の相撲が完成した。

(5) 相撲は，作法と礼法を重んじる日本独自の格闘技であり，国技である。

●土俵

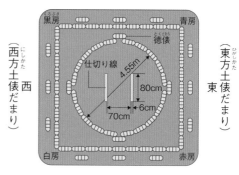

北（正面）

黒房　青房

徳俵

（西方土俵だまり）西

仕切り線

4.55m

80cm

6cm

70cm

（東方土俵だまり）東

白房　赤房

南（向正面）

2 基本の用語

●**剣道**

◆（⑤ ）…竹刀を使って打ったり突いたりすること。

◆（⑥ ）…向かい合ったときの相手との距離。1歩と一振りで打てる距離を，「一足一刀の間合い」という。

◆（⑦ ）…相手が技を起こす前に自分から積極的にしかけて相手の隙をつくり，打突する技。払い技，出ばな技，引き技などがある。

◆（⑧ ）…相手がしかけてきたときに，抜く，すり上げるなどして応じる技。

◆（⑨ ）…打突の直後も油断せず，相手の攻撃に応じられる心構え。

●**相撲**

◆（⑩ ）…相手のわきの下に差し入れた腕。

◆（⑪ ）…相手の差し手の上からまわしをとること。

◆**下手**…下手（差し手）でまわしをとること。

◆（⑫ ）…両腕を下手に差すこと。

◆**ちりちょうず**…競技者が土俵に上がり，取組の前にそんきょ姿勢で行う礼法。

❸ 基本の技術

◉剣道

◉面打ち

右足を大きく
踏み込んで打つ。

◉小手打ち

右足を踏み込むと同時に,
相手の右小手を打つ。

◉胴打ち

右足を踏み込むと同時
に,相手の右胴を打つ。

剣道の足さばきに
は,歩み足,送り
足などがあるよ。
確認しておこう。

◉相撲

◉そんきょ姿勢

ひざを開き,背筋を伸ばす。

◉四股（しこ）

腰を十分に割る。

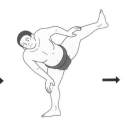

支え足のひざを伸ば
し,つま先に力を入
れて重心を移動する。

上げた足をつま先か
ら下ろし,腰を十分
に割る。

◉上手投げ

引き付けた上手でまわ
しをとって投げる。

◉下手投げ

下手でまわしをとって投げる。

◉すくい投げ

まわしをとらずに相手の
腕を下からすくうように
投げる。

右手を相手のわきの下に入れ
る組み方が右四つ,左手を相
手のわきの下に入れる組み方
が左四つだよ。

この他にもいろ
いろな技がある
よ。

おさえるポイント
剣道 □打突 □有効打突（一本） □残心（ざんしん）
相撲 □上手（うわて） □下手 □そんきょ姿勢 □四股

定着のワーク ステージ**2**

2 剣道・相撲

解答 p.19

/100

1 **剣道** 下の図について，あとの問いに答えなさい。　3点×7（21点）

⑦

⑦

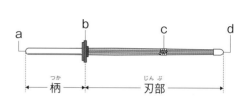

a　　　　　b　　　　　　　c　　　　　d

つか
柄　　　　　　じん ぶ
刃部

(1) 図の⑦，⑦をそれぞれ何というか。

⑦（　　　　　　　　　）　⑦（　　　　　　　　　）

(2) 図の⑦のa～dの部分を何というか。

a（　　　　　　　　　）　b（　　　　　　　　　）

c（　　　　　　　　　）　d（　　　　　　　　　）

(3) 次の文の（　）に当てはまる言葉を答えなさい。　（　　　　　　　　　）

　　⑦の打突部は，物打を中心とした（　　　）である。

2 **剣道** 剣道について，次の問いに答えなさい。　3点×13（39点）

(1) 右の図は，打突部位を表している。⑦～⑦をそれぞ
れ何というか。

⑦（　　　　　　　　　）　⑦（　　　　　　　　　）

⑦（　　　　　　　　　）　⑦（　　　　　　　　　）

⑦（　　　　　　　　　）　⑦（　　　　　　　　　）

(2) 構えのうち，背筋を伸ばして楽にした，もととなる
姿勢を何というか。　（　　　　　　　　　）

正面

⑦　　　　　⑦

⑦　　　　　⑦

⑦　　　　　⑦

よく出る (3) 中段の構えでは，剣先を相手の体のどこの高さにつ
けるか。　（　　　　　　　　　）

(4) 剣道の基本となる，互いの剣先が10cm程度交差する距離を何というか。

（　　　　　　　　　　　　　）

(5) 有効打突は何といいかえられるか。漢字2文字で答えなさい。　（　　　　　　）

(6) 次の文は，有効打突について述べたものである。（　）に当てはまる言葉を答えなさい。

①（　　　　　　　）　②（　　　　　　　）　③（　　　　　　　）

　　有効打突とは，充実した気勢，適正な姿勢をもって，（ ① ）の打突部で（ ② ）
を刃筋正しく打突し，（ ③ ）のあるものである。

保体メモ ❶この他に，面，胴，小手があるよ。つけ方も確認しておこう。❷礼法（立礼や座礼）についても
確認しよう。

③ 剣道 剣道で大切とされる、「残心」について、次の問いに答えなさい。

4点×2（8点）

(1) 「残心」の読み方を答えなさい。 （　　　　　）

(2) 「残心」の意味を、簡単に説明しなさい。
（　　　　　　　　　）

④ 相撲 下の図について、あとの問いに答えなさい。 2点×6（12点）

㋐　　　　　　㋑　　　　　　㋒

(1) 図の㋐〜㋒の動作を何というか。
㋐（　　　　　）㋑（　　　　　）㋒（　　　　　）

(2) 次の文は、㋐〜㋒のうちのどの動作について述べたものか。
①（　　）②（　　）③（　　）

① 手を軽くにぎって行う動作である。
② 片足に体重をかける、全身を使った動作である。
③ 下半身の関節の柔軟性を高める動作である。

⑤ 相撲 次の文は、相撲のどのような技や動作について説明したものか。〔　〕から選んで答えなさい。

4点×5（20点）

(1) 足先を外側に向け、親指の内側をするようにして左右交互に進む。
（　　　　　　）

(2) 重心を低くして相手のまわしをとって引き付け、相手の重心を浮かせながら前進する。
（　　　　　　）

(3) 相手の胸に額をつけ、両手を相手のわきの下に当てて腰を落として前に出る。
（　　　　　　）

(4) 手のひらを使って相手の上体を起こしたりバランスを崩したりする。
（　　　　　　）

(5) 押しや突きの基本練習であり、あごを引いて行う。
（　　　　　　）

〔　そんきょ　押し　突き　腰割り　調体（てっぽう）　寄り　投げ
　運び足　前さばき　受け身　仕切り　ちりちょうず　〕

保体メモ ④(2)①試合では、主審の「構えて」の声で仕切りに入り、「はっけよい」の声で立ち合うよ。
⑤基本の技や動作を身に付けて、試合を楽しもう。

実技編 4章

解答 p.20

確認のワーク ステージ **1**

3 ダンス

教科書の要点 （　）に当てはまる語句を答えよう。

1 基本の知識

(1) ダンスは，個人や集団で心に感じたり考えたりしたことを，（①　　　　　　）に乗って全身で表現して踊ることを楽しむ運動である。

人類は，言葉や文字をもつ前の時代から結婚や狩りなどの機会に踊っていたとされているよ。

(2) ダンスは人類の起源とともに始まったといわれ，日常を超えた世界への願いや感謝の表出であった。

(3) ヨーロッパの貴族文化の中では（②　　　　　　）が生まれ，18世紀には（③　　　　　　）が発展した。

● バレエ

(4) 20世紀になると，感情を自由に表現する（④　　　　　　）が生まれ，それまでのダンスを一変させて新たなジャンルを確立した。

(5) 民衆の間ではさまざまな民族舞踊（ぶよう）が生まれ，現在も踊り継がれている。外国の（⑤　　　　　　）や日本の（⑥　　　　　　）もこの1つといえる。

● よさこい鳴子（なるこ）踊り（高知県）

(6) 創作ダンスは，（⑦　　　　　　）や思いを自由に表現し，工夫して作品をつくり，発表したり鑑賞したりして楽しむ運動である。

(7) フォークダンスは，日本や海外で踊り継（つ）がれているダンスの曲や動きなどを覚えて息を合わせて楽しむ運動である。

(8) 現代的なリズムのダンスは，さまざまなリズムの特徴をとらえて踊って楽しむ運動である。

2 基本の用語

● 創作ダンス
◆（⑧　　　　　　）…全員で同じ動きを行うこと。
◆（⑨　　　　　　）…輪唱のように同じ動きをずらして行うこと。

● フォークダンス
◆（⑩　　　　　　）…一重円の隊形。
◆（⑪　　　　　　）…二重円の隊形。

● 現代的なリズムのダンス
◆シンコペーション…強弱を逆転させてリズムに緊張感を生み出す方法。

3 基本の動きやポジション

●創作ダンス

●シンメトリー(対称)　●アシンメトリー(非対称)

●フォークダンス

●バルソビアナ　●オープン　●クローズド　●ショルダーウエスト　●プロムナード
ポジション　ポジション　ポジション　ポジション　ポジション

●進行方向

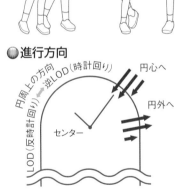

円周上の方向　逆LOD(時計回り)
円心へ
円外へ
センター
LOD(反時計回り)

LODは，ライン・オブ・ダンスの略だよ。

フォークダンスだけでなく，日本の民踊も曲によって回り方が違うね。

●現代的なリズムのダンス

●8ビート(8分音符刻みのリズム)

One　Two　Three　Four　Five　Six　Seven　Eight
ワン　ツー　スリー　フォー　ファイブ　シックス　セブン　エイト

リズムに合わせて体を動かしてみよう。

おさえるポイント　創作ダンス　□シンメトリー　□ユニゾン　フォークダンス　□隊形　□組み方
現代的なリズムのダンス　□シンコペーション　□8ビート

定 ステージ**2**
着 のワーク

3 ダンス

解答 p.20

/100

レベルUP! **1** **創作ダンス** 次の動きは何を表現しようとしたものか。あとのア〜オから最も適当なものを選びなさい。

3点×4(12点)

(1) 右手を上げて立った姿勢から，回転しながら移動してしゃがみ込んだ姿勢をとり，頭をたれて脱力する。 （　）

(2) 両腕を大きく振りながらスキップして動き，ジャンプする。 （　）

(3) 片ひざを立てた姿勢から，指を開きながら縮めた腕を前に出す。 （　）

(4) 姿勢を低くして小きざみに直線的に移動し，移動してきた方向に向き直り，体を小さくしてうずくまる。 （　）

　　ア　驚き　　イ　悲しみ　　ウ　恐ろしさ

　　エ　怒り　　オ　喜び

2 **創作ダンス** 創作ダンスの作品のつくり方について，次の問いに答えなさい。

4点×4(16点)

(1) 下の図は，作品をつくる手順を表したものである。（　）に当てはまる言葉をそれぞれ答えなさい。

①（　　　　　）　②（　　　　　）　③（　　　　　）

| 表現したい（ ① ）を決める。 | → | （ ② ）に合った動きを探す。 | → | 「はじめ」→「（ ③ ）」→「おわり」の流れで作品全体を構成する。 |

(2) 作品のクライマックス(盛り上がり部分)をつくるためには，どのようにすればよいか。次のア〜エのうち，適切でないものを選びなさい。 （　）

　　ア　動きを繰り返す。

　　イ　動きのリズムやテンポを変化させる。

　　ウ　動きの強弱をできるだけなくす。

　　エ　個人や群の動き，位置や方向などに変化をつける。

よく出る **3** **創作ダンス** 2人以上の創作ダンスの動きの効果について，次の問いに答えなさい。

3点×4(12点)

(1) 左右対称で表現する手法を何というか。 （　）

(2) 左右非対称で表現する手法を何というか。 （　）

(3) 同じ動きを同時に行う手法を何というか。 （　）

(4) 同じ動きを輪唱のようにずらして行う手法を何というか。 （　）

保体メモ ❶首の動きの変化だけでも，感情を表現することができるよ。❸この他に，人を持ち上げる「リフト」という手法もあるよ。

4 フォークダンス・日本の民踊 フォークダンスや日本の民踊について，次の問いに答えなさい。

4点×12（48点）

(1) 下の図の組み方をそれぞれ何というか。

⑦（　　　　　　） ⑦（　　　　　　） ⑦（　　　　　　）
⑦（　　　　　　） ⑦（　　　　　　）

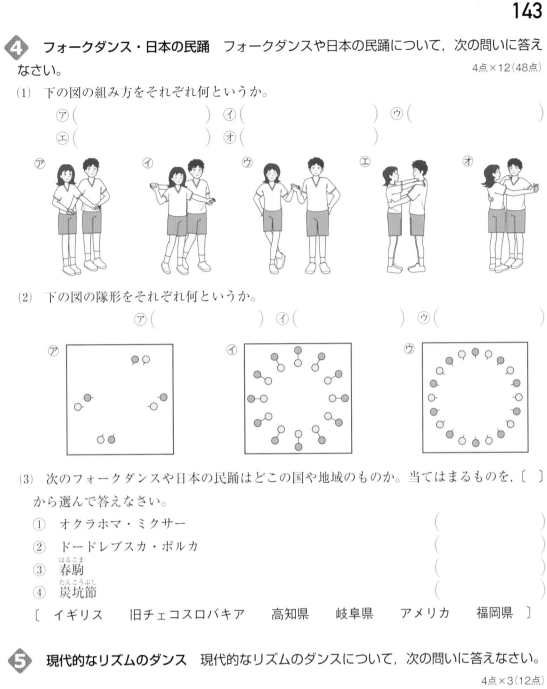

(2) 下の図の隊形をそれぞれ何というか。

⑦（　　　　　　） ⑦（　　　　　　） ⑦（　　　　　　）

(3) 次のフォークダンスや日本の民踊はどこの国や地域のものか。当てはまるものを，〔　〕から選んで答えなさい。

① オクラホマ・ミクサー （　　　　　　）
② ドードレブスカ・ポルカ （　　　　　　）
③ 春駒_{はるこま} （　　　　　　）
④ 炭坑節_{たんこうぶし} （　　　　　　）

〔 イギリス　旧チェコスロバキア　高知県　岐阜県　アメリカ　福岡県 〕

5 現代的なリズムのダンス 現代的なリズムのダンスについて，次の問いに答えなさい。

4点×3（12点）

(1) 右の図のステップを何というか。 （　　　　　　）
(2) 次の文の（ ）に当てはまる言葉を答えなさい。
（　　　　　　）

現代的なリズムのダンスでは，さまざまな（　　）の特徴をとらえて踊ることが重要である。

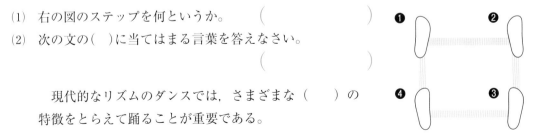

(3) 現代的なリズムのダンスとして知っているダンスの名称を1つ答えなさい。
（　　　　　　）

 保体メモ　❹(3)この他に，マイムマイムや花笠音頭なども有名だね。授業で踊ったフォークダンスや民踊についても思い出してみよう。

実技編 4章

プラス メモ　オリンピックについてまとめてみよう

😊 このページは問題ではありません。自分で調べたことをまとめましょう。

1 　開催年や都市名など　下の表の空欄（くうらん）をうめよう。

	開催年	夏／冬	都市名	国名
第1回大会	1896 年	夏	アテネ	ギリシャ
日本で開催された大会	1964 年	夏	東京	日本
	1998 年	冬	長野	日本
前回の大会				
次回の大会				

日本で開催された大会は他にもあるね。
どこの都市かわかるかな？

2 　さまざまな競技と選手　知っている選手について，下の表にまとめてみよう。

選手の名前	競技名	知っていること
		・ ・ ・
		・ ・ ・
		・ ・ ・

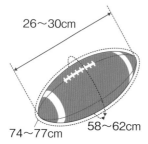

26～30cm
74～77cm
58～62cm

左のボールは，何という競技で使われるものかな？
わからなかったら調べてみよう！

ヒントは「ラ」だよ！

中学教科書ワーク 解答と解説

この「解答と解説」は，**取りはずして** 使えます。

保健体育 1〜3年

全教科書対応

1年 体育編 1章

スポーツの多様性

p.2〜3　ステージ1

教科書の要点

①必要性　②楽しさ　③達成　④競技スポーツ
⑤生涯　⑥スポーツ基本法　⑦行う〔する〕
⑧見る　⑨支える　⑩知る　⑪心地よさ
⑫フェア　⑬違い　⑭スポーツライフ

教科書チェック

❶×　❷×　❸○

解説

❶スポーツには楽しさと必要性がある。
❷指導者など，スポーツを支える職業がある。

p.4〜5　ステージ2

❶ ①挑戦　②記録　③表現
④自然　⑤体力　⑥健康

❷ (1)イ，ウ　(2)イ　(3)ア
(4)例仲間を補助する。〔選手に指導する。〕
(5)知ること

❸ (1)①自分に合った〔自分に適した〕
②楽しみ方　③工夫
(2)①エ，オ，ク　②ア，イ，カ
③ウ，キ，ケ
(3)①仲間　②空間〔場所〕　③時間
（①〜③は順不同）

❹ ①×　②×　③○　④○　⑤○

解説

❹ ①スポーツの語源は，気晴らしや楽しみなどを
表す言葉である。
②スポーツの捉え方や行い方は，時代とともに変
化してきている。

1年 保健編 1章

生活習慣と健康

p.6〜7　ステージ1

教科書の要点

①主体　②環境　③素因　④社会的
⑤気分転換　⑥生活習慣病　⑦生活
⑧年齢　⑨基礎代謝量　⑩食事　⑪肥満
⑫栄養素　⑬疲労　⑭(体の)抵抗力
⑮休養　⑯睡眠

教科書チェック

❶○　❷×　❸○

解説

❷朝食には，体温を上げて体が十分に働くように
したり，午前中の活動に必要なエネルギーを補
給したりする役割がある。

p.8〜9　ステージ2

❶ (1)主体の要因　(2)素因
(3)①ウ，オ　②イ，カ，キ
(4)ア，ウ

❷ (1)①肺活量　②筋肉　③肥満
④生活習慣病　⑤体力
(2)例気分転換を図れる。
(3)ア，エ

❸ (1)基礎代謝量　(2)栄養素
(3)①エ　②ア　③オ　④ウ　⑤イ
(4) 100 分間

❹ (1)ウ，オ
(2)①休養　②睡眠　③抵抗力
④例入浴する〔軽い運動をする〕
(3)例運動，食事，休養・睡眠の調和のとれた
生活。

解説

❶ (3)ア，エ，クは物理・化学的環境の要因である。

(4)日本ではかつて感染症が死因の上位にあったが，近年では生活習慣病が死因の上位を占めるようになってきた。

❷ (3)イ…現代では，体を動かすことが少なくなり，運動不足になる傾向がある。保健体育の授業を除き，ほとんど運動しない中学生もいる。

ウ…安全であること，効果があること，楽しいことが必要である。

オ…健康を保持増進するためには，生活環境や年齢に応じた適度な運動を行うことが大切である。

❸ (2)(3)食事によって体に必要な栄養素をとる必要がある。栄養素の不足やとりすぎは，さまざまな病気の原因となるので，いろいろな栄養素をバランスよくとるようにする。

(4)摂取したエネルギー量は，90 + 210 = 300kcal である。1分間の歩行で消費されるエネルギー量は3kcalなので，消費するためには，

300 ÷ 3 = 100より，100分間歩くことが必要である。

❹ (1)ア…眠気，だるさ，目の乾き，不安など，心身の状態の変化として現れる。

ウ，エ…疲労が蓄積すると，体の抵抗力が低下して，感染症にかかりやすくなる。また，胃潰瘍，高血圧，心臓病，脳卒中などにもかかりやすくなる。さらに，鬱病など，心の健康を損なうことも少なくない。

(2)心身の疲労の回復には，休養をとることが必要である。中でも，睡眠は最も効果的である。他にも，入浴，軽い運動，気分転換，栄養補給なども効果的である。

(3)心身の健康には，適切な生活習慣を身に付け，調和のとれた生活を送ることが大切である。

保体レポート アレルギー

何らかのアレルギーのある日本人の割合は増加傾向にあり，花粉やダニ，卵や牛乳，そばなどの食物，薬品や化学物質など，さまざまなものがアレルギー物質（アレルゲン）となる場合がある。症状の出方や程度は個人や体調などによって異なり，症状が強いときは死亡することもある。

1年 保健編 2章

1 体の発育と発達

p.10～11 ステージ ①

教科書の要点

①発育 ②発達 ③発育急進期 ④思春期
⑤骨 ⑥生殖器 ⑦神経 ⑧リンパ器官
⑨呼吸器 ⑩呼吸数 ⑪肺活量 ⑫肺胞
⑬循環器 ⑭拍出量 ⑮心臓 ⑯適度な運動

教科書チェック

❶○ ❷× ❸× ❹○

解説

❷思春期には多くの器官が発育・発達するので，食事によって必要な栄養素をバランスよくとることが大切である。

❸体の各器官の発育・発達する時期や程度には，個人差がある。

p.12～13 ステージ ②

❶ (1)例体の大きさや重さが増すことを発育，体の働きが高まることを発達という。

(2)発育急進期 (3)2度 (4)ア，ウ

(5)イ，ウ，オ

❷ (1)リンパ器官 (2)⑦ (3)生殖器

(4)⑤ (5)⑥ (6)⑨

❸ (1)エ (2)⑦

(3)①肺胞 ②毛細血管 ③酸素

④二酸化炭素

⑤呼吸量〔呼吸で取り入れる空気の量〕

❹ (1)イ (2)ア

(3)①心臓 ②血液 ③収縮

❺ ウ

解説

❶ (5)2度目の発育急進期(第2発育急進期)は一般的に男子よりも女子のほうが早く来るが，その時期や程度には個人差がある。

❷ (1)(2)胸腺やへんとうなどのリンパ器官は，早くから発育していて，思春期には大人以上になっている。

(3)(4)卵巣や精巣などの生殖器は，思春期に急速に発育・発達する。

(5)脳や脊髄などの神経は，早くから発育していて，

思春期には大人と同じくらいになっている。

(6)骨や筋肉などの大部分の器官は，発育急進期に急速に発育する。

❸ (3)肺には肺胞という小さな袋が無数にある。肺胞の周りは毛細血管が取り巻いている。空気中から取り入れた酸素は，肺胞から毛細血管の中に入る。また，体の中でできた二酸化炭素は，毛細血管から肺胞の中に出される。この肺胞と毛細血管の間でのやりとりを，ガス交換という。

❹ (2)拍出量は，心臓の収縮(拍動)によって，心臓から送り出される血液の量のことである。

(3)血液は，肺から取り入れた酸素や，小腸から吸収した養分を全身に運ぶ。また，細胞で出された二酸化炭素は，血液によって肺に運ばれる。

❺ 思春期は，発育急進期に当たるため，より多くの酸素や栄養を必要としている。そのため，呼吸器や循環器の機能が急速に発達する。また，持久力は呼吸器や循環器の機能との関わりが深い。そのため，思春期は，持久力を高める運動を行い，呼吸器や循環器の機能を高めるのに適した時期である。適度な運動を継続的に行うことで，呼吸器や循環器の発達につながる。

2 生殖機能の成熟と性との向き合い方

p.14〜15 ステージ❶

教科書の要点

①下垂体 ②性腺刺激ホルモン ③卵子
④女性ホルモン ⑤精子 ⑥男性ホルモン
⑦排卵 ⑧受精卵 ⑨月経 ⑩精液 ⑪射精
⑫受精 ⑬着床 ⑭妊娠 ⑮性衝動
⑯正しい情報〔信頼できる情報〕

教科書チェック

❶○ ❷○ ❸×

解説

❶性腺刺激ホルモンの刺激で生殖器が発育・発達する。その結果，女性ホルモン(女子)や男性ホルモン(男子)の分泌が活発になり，男女の体つきに特徴的な変化が現れる。

❸誤った情報に惑わされると，犯罪に巻き込まれることがある。正しい情報を選択し，適切な態度や行動をとることが大切である。

p.16〜17 ステージ❷

❶ (1)①下垂体 ②性腺刺激ホルモン
③卵巣 ④精巣 ⑤卵子 ⑥精子
(2)ア，ウ，オ (3)ある。

❷ (1)㋐卵管 ㋑卵巣 ㋒子宮
(2)排卵 (3)子宮内膜 (4)月経
(5)初経 (6)イ

❸ (1)㋐精のう ㋑前立腺 ㋒精巣
(2)精液 (3)射精 (4)精通
(5)例心身の性的な興奮や刺激
(6)オ

❹ (1)①卵管 ②子宮 ③受精 ④受精卵
(2)イ，エ

解説

❶ (2)女子でも男性ホルモンが，男子でも女性ホルモンがわずかではあるが分泌される。

(3)体の変化が起こる時期や程度には個人差がある。

❷ (3)排卵に合わせて，女性ホルモンの働きで子宮内膜が厚くなる。

(5)初めての月経を初経という。初経が起こる時期には個人差がある。

❸ (4)初めての射精を精通という。精通が起こる時期には個人差がある。

(5)(6)射精は月経とは異なり，周期的にではなく，心身の性的な興奮や刺激によって起こる。

❹ (1)受精卵は細胞分裂を繰り返しながら子宮へと進み，子宮内膜に着床する。

(2)ア…初経の時期には個人差があるが，思春期の時期に起こることが多い。

ウ…月経には心の状態や体調も影響するので，心身ともに健康な生活を送ることが大切である。

p.18〜19 ステージ❷

❶ (1)㋐子宮内膜 ㋑卵巣 ㋒卵管 ㋓卵子
(2)B (3)① C ② A ③ D ④ B

❷ (1)イ (2)ウ
(3)例卵子と精子が合体〔結合〕すること。

❸ (1)オ (2)子宮内膜 (3)着床
(4)妊娠

❹ (1)①性意識 ②性的欲求 ③性衝動
④異性 ⑤友情
(2)②，③に○ (3)①，③，④に○

4

解説（左上）

① (3)③は月経，④は排卵について説明した文である。

② (3)卵巣から排卵された卵子は，卵管内で精子と受精して受精卵となり，細胞分裂を繰り返しながら子宮へと進む。

③ (1)(2)排卵された卵子(㋔)は，卵管内を進んでいき(㋒→㋒)，子宮内膜に着床する(㋑)。㋐は精子を表している。

④ (3)②身近な人から得られた情報であっても，全て正しいとは限らない。
③性衝動をあおろうとしてつくられた情報もある。これらの情報に惑わされ，犯罪に巻き込まれたり，心身ともに傷ついてしまったりしないように，注意が必要である。

3　心の発達

p.20〜21　ステージ1

教科書の要点

①大脳〔脳〕　②経験　③知的機能　④感情
⑤意思　⑥情意機能　⑦社会性　⑧自立
⑨自己形成

教科書チェック

❶×　❷×　❸○

解説

❶心の働きは大脳(脳)で営まれている。
❷感情の基本は5歳頃までにつくられる。

p.22〜23　ステージ2

① (1)大脳〔脳〕
(2)例さまざまな経験や学習を重ねること。
(3)①知的機能　②情意機能　③社会性
(4)㋐興奮　㋑不快　㋒愛情　㋓得意　㋔心配
(5)イ，オ
(6)例何かをしようとするときの気持ち。〔目的のために行動しようとする気持ち。〕

② (1)例人間関係が広がるから。〔生活の場が広がるから。行動範囲が広がるから。〕
(2)イ，ウ，オ，キ
(3)ア，ウ，エ，オ

③ ①×　②○　③○　④○　⑤×　⑥○

解説（右上）

① (2)さまざまな経験や学習を積み重ね，脳に刺激を与えることで，脳の神経細胞どうしが複雑に絡み合うようになり，心は豊かに発達する。
(5)エ…感情は，さまざまな経験を通して，複雑で豊かなものになっていく。

② (1)年齢とともに，生活の場や行動範囲が広がり，さまざまな間柄の人と人間関係をもつようになる中で，さまざまな経験をすることで発達する。
(2)アは知的機能の例，エは意思の例，カは感情の例である。
(3)イ…大人に対して口答えしたり無視したりするのは，自立したい気持ちの表れである。
ク…自分の気持ちを上手に伝えるためには，言葉で伝えるだけでなく，表情や身振りを付けて話すとよい。

③ ①思春期には，他人と自分の違いや，自分が他人からどう見られているかなどを強く意識するようになる。
⑤自己形成は，長い時間をかけて進んでいく。

4　欲求不満やストレスへの対処

p.24〜25　ステージ1

教科書の要点

①ホルモン　②欲求　③生理的欲求
④社会的欲求〔心理的・社会的欲求〕
⑤欲求不満　⑥実現　⑦ストレス
⑧コミュニケーション

教科書チェック

❶○　❷×　❸○

解説

❷空腹を感じることは，生理的欲求の1つである。
❸適度なストレスは心身の発達に必要だが，ストレスが大きすぎたり，長く続いたりすると，心身に悪影響を及ぼすことがある。

p.26〜27　ステージ2

① (1)大脳〔脳〕　(2)ウ　(3)ア
(4)例心と体は密接につながっているから。〔心と体は互いに影響し合っているから。〕

② (1)生理的欲求
(2)社会的欲求〔心理的・社会的欲求〕

(3)① A ② B ③ A ④ A ⑤ B ⑥ B
(4)欲求不満　　(5)イ，エ，オ
❸ (1)例周囲からの刺激によって，心身に負担が
　　かかった状態。
　(2)①原因(そのもの)
　　②(心や体の)状態
　(3)ウ，エ
　(4)①解決　②原因　③リラクセーション
　　④相談　⑤コミュニケーション
　　⑥気分転換
　(5)ア，イ，ウ，オ

解説

❶ (2)緊張すると，脈拍数や拍出量が増加してどき
どきしたり，口が渇いたりする。また，筋肉が緊
張して震えることもある。
(3)体に痛みがあると，集中できず，気分が悪くな
ることもある。
(4)大脳(心)と体の諸器官は，神経やホルモンを通
して互いに影響し合っている。このことを心身相
関という。
❷ (1)生命を維持するための，最も基本的な欲求で
ある。
(2)人間関係の欲求や，自分自身についての欲求で
ある。
(5)欲求の中には，人に迷惑をかけるもの，自分勝
手なもの，実現がかなり難しいもの，待たなけれ
ば実現しないもの，2つの欲求が両立しないこと
などもある。自分の欲求を分析し，適切に対処し
ていく必要がある。
❸ (2)ストレスの原因をストレッサーという。同じ
刺激を受けても，受け止める人によって，またそ
のときの心と体の状態によって，与える影響は違
う。
(3)ア…適度なストレスは心身の発達によい影響を
及ぼす。失敗を次の機会に生かすことなどがその
例である。
イ…小さなストレスであっても，長く続くことに
よって心身に悪影響を及ぼすことがある。
(4)ストレスの原因はさまざまなので，状況に応じ
て適切な対処の仕方を選択する。
(5)エ…他人に迷惑がかかる対処法は選択しないよ
うにする。

2年 体育編 2章
スポーツの効果と学び方や安全な行い方

p.28〜29　ステージ1

教科書の要点
①体力　②健康　③運動(やスポーツ)
④肥満　⑤ストレス　⑥自信　⑦ルール
⑧マナー　⑨社会性　⑩技術　⑪技能　⑫戦術
⑬作戦　⑭頻度　⑮知識

教科書チェック
❶○　❷×　❸○　❹×　❺×

解説

❷社会性の発達は，さまざまな場面で役に立つ。
❹活動後だけでなく，活動中にも適切な休憩や水
分補給をすることが大切である。
❺天候に限らず，自然に関する知識と理解が必要
である。また，十分な計画や準備，体力に応じ
た配慮なども必要である。

p.30〜31　ステージ2

❶ (1)①発達　②運動技能　③生活
　　④運動(やスポーツ)　⑤達成感　⑥自信
　(2)①エ，オ　②イ，カ　③ア，ウ
　(3)肥満〔生活習慣病〕
　(4)例ストレスを解消する。
　　〔リラックスする。〕
❷ (1)ルール　(2)マナー　(3)フェアプレイ
　(4)チームワーク　(5)スポーツマンシップ
❸ (1)技術　(2)技能　(3)戦術　(4)作戦
　(5)ア
❹ (1)強さ，時間，頻度
　(2)①体調〔健康状態〕　②準備　③水分補給
　　④安全　⑤整理
　(3)①例天候が急に変わることがあること。
　　②例急に増水することがあること。
　　③例水深や場所によって水温が異なること。

解説

❷ (5)スポーツパーソンシップともいう。
❹ (3)野外スポーツを安全に楽しむために，それぞ
れの場所でどのような注意が必要か確認しておこ
う。

2年 保健編 3章

1 生活習慣病やがんとその予防

p.32〜33 ステージ**1**

教科書の要点

①生活習慣病　②がん　③動脈硬化
④高血圧(症)　⑤心臓病　⑥脳卒中
⑦糖尿病　⑧歯周病　⑨予防　⑩早期発見
⑪がん　⑫生活習慣
⑬禁煙〔たばこを吸わない〕　⑭がん検診

教科書チェック

❶○　❷×　❸○

解説

❷子どもの頃からよい生活習慣を身に付けること
が必要である。

p.34〜35 ステージ**2**

❶(1)がん，心臓病，脳卒中
(2)例生活習慣がその発症や進行に関係する病
気。
(3)①歯垢　②むし歯　③歯肉炎　④隙間
⑤歯周病　⑥骨
❷(1)動脈硬化　(2)高血圧　(3)脂質異常症
(4)糖尿病　(5)狭心症　(6)心筋梗塞
(7)心臓病　(8)脳梗塞　(9)脳出血
(10)脳卒中
❸(1)例適度な運動をする。
〔適切な食事をとる。〕
(2)①ない　②健康診断〔検査〕
③早期発見・早期治療
(3)①健康づくり　②健康情報　③運動施設
(4)メタボリックシンドローム
❹(1)例正常な細胞が変化し，勝手に増殖して器
官の働きを壊すことで起こる。
(2)喫煙，過度の飲酒，不適切な食事，運動不
足　などから2つ
(3)細菌〔ウイルス〕　(4)イ，エ

解説

❶(2)食生活の乱れ，運動不足，睡眠不足，喫煙，
過度の飲酒，口腔内の不衛生などの生活習慣が関
係した病気が生活習慣病である。
(3)歯周病は，食べる・話すなどの口腔に関わる

QOL(生活の質)を著しく低下させる。
❷COPDは慢性閉塞性肺疾患ともいい，主にた
ばこの煙を長期間吸い込むことが原因で，肺に炎
症が起こる病気である。
❸(1)健康的な生活習慣が予防に効果的である。
❹(4)ア…全ての臓器で可能性がある。
ウ…現在の日本では，およそ2人に1人ががんに
なるといわれている。
オ…早期発見・早期治療は，回復したり進行を食
い止めたりするために重要である。

2 喫煙・飲酒・薬物乱用と健康

p.36〜37 ステージ**1**

教科書の要点

①ニコチン　②依存性　③20　④主流煙
⑤副流煙　⑥受動喫煙　⑦アルコール
⑧急性中毒　⑨アルコール依存症　⑩20
⑪薬物乱用　⑫脳　⑬覚醒剤　⑭大麻
⑮人格　⑯社会的環境〔社会環境〕　⑰意思

教科書チェック

❶○　❷○　❸×　❹○

解説

❸1回使用しただけでも乱用である。1回の使用
でも依存症になったり，死亡したりする危険があ
る。

p.38〜39 ステージ**2**

❶(1)①ニコチン　②タール　③酸素
(2)ウ　(3)イ
(4)①収縮　②上昇　③心臓　④低下
(5)主流煙　(6)副流煙　(7)イ
(8)受動喫煙
(9)COPD〔慢性閉塞性肺疾患〕　(10)ア
❷(1)アルコール〔エチルアルコール〕
(2)肝臓　(3)ある。　(4)ある。
(5)①アルコールの急性中毒
〔急性アルコール中毒〕
②止まり〔なくなり〕　③死
(6)アルコール依存症　(7)イ
❸(1)ウ　(2)大きくなる。
(3)①脳　②生殖器　③(アルコール)依存症
(4)喫煙…20歳　飲酒…20歳

解説

❶ (4)急性影響には，他に，酸素運搬能力の低下，めまい，せき，息切れ，たんなどもある。

⑽イ…ニコチンには依存性があり，喫煙を長期間続けると，喫煙をやめたくてもやめられない依存症を引き起こす。

❷ (3)(4)アルコールを処理する能力には，限界や個人差がある。

(7)ア…アルコールは血液に取り込まれ，全身を巡る。

❸ 心身の発育・発達期は喫煙や飲酒の影響を受けやすく，依存症にもなりやすいため，20歳未満の喫煙や飲酒は法律で禁止されている。

p.40～41 ステージ2

❶ (1)イ，ウ，エ　(2)脳　(3)ドーピング
(4)ある。　　(5)フラッシュバック(現象)
(6)イ，ウ，オ
❷ (1)覚醒剤　(2)大麻　(3)有機溶剤
❸ ①ア，ウ，キ　②イ，エ，カ
③ク，サ，シ　④オ，ケ，コ
❹ (1)イ，ウ　(2)ア，ウ
(3)例 20歳未満の飲酒は法律で禁止されているからと断る。

解説

❶ (1)ウ…1回の使用でも薬物乱用である。
(6)ア…薬物には依存性があり，薬物依存の状態になると，やめたくてもやめられなくなる。
カ…覚醒剤などの薬物は，乱用だけでなく，所持しているだけでも罰せられる。
❷ (3)有機溶剤とは，シンナーなどのことである。これらを目的から外れて使用することも，薬物乱用である。
❸ 薬物乱用は，乱用した個人の心身の健康問題だけでなく，家庭や学校，対人関係や犯罪など，社会全体にも深刻な影響を及ぼす。
❹ (1)ア，エ，オ，カは個人の要因である。
(2)イ…害を知らせる警告表示がされている。
カ…法律が整備され，取り締まりも強化されている。
(3)はっきり断る，理由をつけて断る，無視して立ち去るなど，いろいろな断り方がある。

2年 保健編 4章

1 傷害・交通事故・犯罪被害の防止

p.42～43 ステージ1

教科書の要点
①交通　②人的　③環境　④自転車　⑤環境
⑥車両　⑦交通法規　⑧回避　⑨顕在　⑩潜在
⑪交通環境　⑫場所　⑬大声　⑭地域

教科書チェック
❶○　❷○　❸×　❹○　❺×

解説

❸ ブレーキがきき始めてから車が止まるまでの距離を制動距離という。

p.44～45 ステージ2

❶ (1)交通事故，水難事故〔水死〕
(2)体育的部活動，(保健)体育の授業
(3)①環境　②人的
❷ (1)自転車乗用中
(2)一時不停止，安全不確認
(3)要因：①人的要因　②環境要因
③車両要因
要因の例：①例危険な行動
②例道路が狭い
③例ブレーキがきかない
(4)例バランスを崩しやすい。
(5)内輪差　(6)死角　(7)空走距離
(8)制動距離
❸ (1)①交通法規　②危険予測
③交通環境の整備
(2)例子どもが自転車の前に飛び出す。
歩行者が自転車に気づかずに歩いてくる。
❹ (1)イ
(2)例周囲から見えにくいから。
(3)イ，ウ，オ

解説

❶ (3)傷害は，環境要因と人的要因が関わり合って起こる。
❷ (3)人的要因には，危険な行動，不安定な心身，規則を守る意識の欠如，危険を予測する能力の不足などがある。環境要因には，道路の状況，安全施設の不備，気象条件などがある。

8

❸ (2)子どもが思わぬ方向に走り出すかもしれない。歩行者が自転車に気づかず，自転車がよけようとした方向に歩いてくるかもしれない。など，「かもしれない」と考えながら運転することが安全につながる。

❹ (3)ア…行動範囲が広がるため，犯罪被害にあう可能性も高くなる。
エ…大声を出して助けを求めることも，場合によっては大切である。

2 自然災害への備え

p.46〜47 ステージ❶

教科書の要点
①自然災害 ②一次災害 ③津波 ④二次災害
⑤氾濫 ⑥避難 ⑦転倒 ⑧緊急地震速報
⑨情報〔災害情報，防災情報〕

教科書チェック
❶× ❷○ ❸○

解説
❶地震による家具の転倒は一次災害だが，火災は二次災害である。

p.48〜49 ステージ❷

❶ (1)自然災害 (2)㋐エ ㋑オ ㋒ア
(3)一次災害 (4)二次災害
(5)(3)の災害…ウ，オ
(4)の災害…ア，イ，エ
(6)津波
(7)例すぐに海から離れてできるだけ高いところに避難する。
(8)ア，イ，オ，カ
❷ (1)例ブロック塀が倒れる。
〔自動販売機が倒れる。〕
(2)緊急地震速報
(3)①身の安全 ②避難 ③情報 ④経路
⑤日頃
❸ (1)例家具を固定する。〔水を備蓄する。〕
(2)ライフライン (3)ある。
(4)エ，オ，カ

解説
❶ (7)海岸で地震にあったときは，津波が押し寄せてくる可能性があるので，すぐに安全な場所に避

難する必要がある。
❷ (1)通学路など，よく利用する場所で地震が起きるとどのような危険があるのか，事前に調べておくことが大切である。
(3)地震発生直後は，まず身の安全を確保する。その後，正しい情報を収集し，避難をする。
❸ (1)家具の転倒や物の落下・移動を防ぐ対策，水や食料などの備蓄など，日頃から備えておく。
(4)イ…ハザードマップを活用し，危険な場所を確認しておくことも大切である。
ウ…増水した川はとても危険である。決して様子を見に行ってはいけない。

3 応急手当

p.50〜51 ステージ❶

教科書の要点
①応急手当 ②悪化 ③痛み〔苦痛〕 ④安全
⑤119 ⑥心肺蘇生 ⑦AED ⑧心臓
⑨胸骨圧迫 ⑩電気ショック ⑪止血
⑫直接圧迫止血 ⑬固定

教科書チェック
❶○ ❷× ❸○ ❹○

解説
❷胸骨圧迫は，強く，速く，絶え間なく行う。

p.52〜53 ステージ❷

❶ (1)応急手当
(2)①痛み〔苦痛〕 ②不安
(①，②は順不同)
③悪化 ④生命〔命〕
❷ (1)㋐助け ㋑119 ㋒呼吸 ㋓様子をみる
㋔胸骨圧迫 ㋕AED ㋖心電図解析
(2)死戦期呼吸 (3)ア，ウ
❸ (1)㋐気道の確保 ㋑人工呼吸 ㋒胸骨圧迫
(2)①5 ②100〜120 ③絶え間なく
④曲げず ⑤下 ⑥真ん中
(3)①前 ②口 ③鼻 ④1 ⑤2 ⑥30
(4)ア，エ，オ

解説
❶ 特に心肺停止のときなどは，どれだけ早く手当を開始できるかが生死を大きく左右する。
❷ (1)心肺蘇生法の流れを確認しておこう。

❸ (1)⑦舌が落ちていると気道が塞がれて呼吸ができない。額を押さえながら下顎を引き上げ，頭を後ろに傾けて，気道を確保する。

(2)胸骨圧迫は，人工的に血液を循環させるために行う。

(4)イ…AED は誰でも使用できる。

ウ…傷病者の衣服を取り除き，胸に直接貼る。

p.54〜55 ステージ2

❶ (1)細菌感染

(2)例清潔にする。〔洗って清潔に保護する。〕

(3)直接圧迫止血法　　(4)ウ，エ

(5)①斜め　②折り返す

❷ (1)⑦三角巾　⑦ネット包帯　　(2)⑦

(3)風呂敷〔大きいハンカチ，ネクタイ〕

❸ (1)⑦　　(2)ウ　　(3)雑誌〔厚い段ボール〕

(4)⑦　　(5)⑦　　(6)イ

解説

❶ (4)ア…清潔なガーゼを重ねて傷口に当てる。

イ…圧迫は 4 分以上行う。

エ，オ…血液からの感染防止のため，ゴム手袋やビニール袋を使用したほうがよい。

カ…止血後は，ガーゼの上から少しきつめに包帯を巻くとよい。

❷ (3)手ぬぐいやタオルなども代用として使える。

❸ (1)骨折は，骨が折れたり骨にひびが入ったりしたものをいう。

(4)脱臼は，関節が外れたものである。

(5)捻挫は，関節が外れかかって元に戻ったものである。

保体レポート RICE 処置

捻挫などが起きたときの応急手当として，RICE 処置がある。

Rest（安静）：悪化させないため，できるだけ動かさない。

Ice（冷却）：内出血や腫れを抑える。冷やしすぎないように，伸縮包帯を何度か巻き付けてから，患部に氷のうを当てる。

Compression（圧迫）：内出血や腫れを抑える。しっかりと包帯を巻き付ける。

Elevation（挙上）：患部を心臓よりも高く上げ，患部への血流を抑える。

3年 体育編 3章

文化としてのスポーツ

p.56〜57 ステージ1

教科書の要点

①心身　②スポーツ基本法　③オリンピック

④障害　⑤世界平和　⑥メディア

⑦結び付ける　⑧違い

教科書チェック

❶×　❷○　❸○

解説

❶クーベルタンによって創始された国際大会は，オリンピックである。

p.58〜59 ステージ2

❶ (1)①ア，ウ，カ　②イ，エ，ケ

③オ，キ，ク

(2)①スポーツ基本法　②スポーツ基本計画

③スポーツ推進計画

❷ (1)国際親善，世界平和　　(2)イ

❸ (1)①クーベルタン　②4

③オリンピアード　④アテネ　⑤勝つ

⑥参加する　⑦オリンピズム　⑧東京

(2)オリンピック休戦〔オリンピック停戦〕

❹ (1)ア，イ，ウ

(2)例チームの人数に差をつける。

(3)例義足〔車いす〕

解説

❷ (2)ア…国際的なスポーツ大会では，共通の原則の下にさまざまな人々が関わり合うので，その意義や価値を多くの人に伝えることができる。

ウ…インターネット（ソーシャルメディア）なども含め，さまざまなメディアを通して伝えられている。

❸ (2)オリンピック・パラリンピック開催期間中とその前後の停戦が呼びかけられていて，国連も賛成している。

❹ (2)工夫の仕方によって，年齢の違いを超えて楽しむことができる。

(3)障害者スポーツを支えるさまざまな用具がある。

3年 保健編 5章

1 感染症や性感染症とその予防

p.60〜61 ステージ1

教科書の要点

①感染 ②感染症 ③発病 ④環境
⑤感染源〔発生源〕 ⑥感染経路
⑦(体の)抵抗力 ⑧免疫 ⑨予防接種
⑩性感染症 ⑪精液 ⑫粘膜(ねんまく) ⑬コンドーム
⑭HIV ⑮エイズ ⑯性的接触

教科書チェック

❶× ❷○ ❸○ ❹× ❺○

解説

❹1度の性的接触でも性感染症に感染することがある。

p.62〜63 ステージ2

❶ ①病原体 ②感染 ③感染症
④発病〔発症〕 ⑤潜伏期間
❷ (1)感染源〔発生源〕
(2)例汚染されたものを消毒・滅菌(めっきん)する。
(3)感染経路 (4)例手洗いをする。
(5)①(体の)抵抗力 ②予防接種 ③免疫
④例十分な栄養をとること。
(6)ア，イ，エ，カ
❸ (1)ア，エ，オ，キ
(2)例性的接触を避ける。
コンドームを正しく使用する。
(3)ア，イ，エ，カ，キ，ク
❹ (1)①HIV ②免疫
③エイズ〔後天性免疫不全症候群〕
④性的接触 ⑤母子
(2)イ，エ，カ (3)イ

解説

❷ (2)患者の早期発見・早期治療，感染源となる動物の駆除なども有効である。
(4)手洗い，うがい，マスクをする，換気(かんき)，人混みを避ける，学級閉鎖(へいさ)なども有効である。
(5)④十分な休養をとること，規則正しい生活なども有効である。
❸ (3)ウ…10歳代でも感染することがある。
オ…性感染症が自然に治ることはほとんどない。

❹ (2)HIVは，握手，食事や会話，風呂やプールでは感染しない。
(3)ウ…エイズへの世界的な取り組みにより，世界での死者数は減少してきている。

2 保健・医療機関の利用，社会の取り組み

p.64〜65 ステージ1

教科書の要点

①保健機関 ②保健所 ③保健センター
④医療機関 ⑤かかりつけ医 ⑥病院
⑦主作用 ⑧副作用 ⑨体質 ⑩使用方法
⑪お薬手帳 ⑫ヘルスプロモーション
⑬健康増進法

教科書チェック

❶× ❷× ❸○ ❹○

解説

❷診療所と病院で，役割を分担している。

p.66〜67 ステージ2

❶ (1)保健機関 (2)保健所
(3)保健センター (4)イ，ウ，エ，カ
❷ (1)医療機関 (2)①イ ②ア ③イ
(3)①かかりつけ医 ②紹介 (4)イ，ウ
❸ (1)例期待される作用
〔使用する目的となる作用〕
(2)例好ましくない作用
(3)①内用剤 ②外用剤
(4)①食後30分 ②食後2時間
(5)お薬手帳 (6)①，②，④，⑤に○
❹ (1)ヘルスプロモーション (2)健康増進法
(3)厚生労働省 (4)例世界保健機関

解説

❶ (3)保健センターは，保健福祉センターなどの名称で呼ばれていることもある。
❷ (4)ア…かかりつけ医に相談するとよい。
エ…軽症患者の利用が増えることで，重症患者(じゅうしょう)への対応が遅れてしまうことが心配されている。
❸ (6)③医薬品に頼るだけでなく，栄養，休養・睡眠をきちんととることも重要である。
❹ (4)世界保健機関(WHO)，国連児童基金(UNICEF)などの国際組織や，日本赤十字社などの民間団体も保健活動を行っている。

3年 保健編 6章

1 環境と適応能力

p.68〜69 ステージ1

教科書の要点

①適応 ②適応能力 ③ある ④熱中症
⑤低体温症 ⑥湿度 ⑦至適温度〔至適範囲〕
⑧衣服 ⑨ルクス ⑩疲れ ⑪照明

教科書チェック

❶○ ❷○ ❸× ❹×

解説

❸至適温度には個人差がある。また，活動の内容
によっても異なる。

❹暗すぎても明るすぎても目が疲れる。

p.70〜71 ステージ2

❶(1)適応 (2)適応能力 (3)イ，エ
(4)例熱の発生を抑え，熱を逃がす効果。

❷(1)熱中症 (2)ウ，オ，カ
(3)低体温症 (4)ア，イ

❸(1)気温，湿度，気流
(2)至適温度〔至適範囲〕
(3)衣服〔窓の開閉〕
(4)例外気温に対する適応能力が弱くなる。
〔体調を崩しやすくなる。〕

❹(1)ルクス (2)照度計
(3)例照明器具〔カーテン〕
(4)イ，エ，オ

❺①× ②○ ③○ ④× ⑤× ⑥○ ⑦○

解説

❶(3)(4)暑いときは熱の発生を抑え，熱を逃がすこ
とで体温を一定に保とうとする。

❷(2)熱中症は，急に気温が高くなった日や，慣れ
ない運動をしたときなどにもかかることがある。

❸(4)冷暖房機器に頼りすぎて暑さや寒さの刺激が
少なくなると，適応能力が弱くなって体調を崩し
やすくなる。適切な利用が必要である。

❹(4)学習や作業などの内容に応じた適切な明るさ
がある。

❺①環境からの刺激を受けることで高まっていく。
④適応は自律神経の働きによるもので，生命の維
持に必要な働きである。

⑤一般的に，乳幼児や高齢者は適応能力が低い。

保体レポート 熱中症の予防

熱中症は，気温が高い日だけでなく，湿度が高い
日にも起こりやすい。また，暑い日に激しい運動
をするなど，急に体温が上昇したときにも起こり
やすい。熱中症を予防するためには，のどが渇い
ていなくても水分をとること(できれば塩分を含
むものがよい)や暑い場所での運動を避けること
などが有効である。

2 空気と水

p.72〜73 ステージ1

教科書の要点

①二酸化炭素 ②上昇 ③汚れ ④一酸化炭素
⑤ヘモグロビン ⑥一酸化炭素中毒 ⑦換気
⑧水分 ⑨老廃物 ⑩体温 ⑪入浴 ⑫浄水場
⑬水質基準

教科書チェック

❶× ❷○ ❸○ ❹×

解説

❶定期的に換気をする必要がある。

❹きれいな井戸水であっても，飲料用として利用
する場合には安全性を確かめる必要がある。

p.74〜75 ステージ2

❶(1)酸素 (2)二酸化炭素 (3)イ
(4)①気温〔温度〕 ②汚れ

❷(1)エ
(2)例石油ストーブ〔練炭，ガス給湯器，自動
車の排出ガス，たばこの煙〕
(3)ア (4)赤血球中のヘモグロビン
(5)酸素 (6)一酸化炭素中毒
(7)例換気扇を回す。窓を開ける。

❸(1)ウ
(2)栄養物質の運搬，酸素の運搬，老廃物の排
出，体温の調節，血液の濃度の調節などか
ら2つ
(3)イ (4)食べ物 (5)呼吸〔汗〕
(6)洗濯，入浴，炊事，水洗トイレ
などから2つ

❹ (1)⑦ダム　⑦浄水場　(2)①細菌　②消毒
　　(3)水質検査　(4)水質基準　(5)ア

解説
❷ (1)においも色もないので発生しても気がつかな
　いことがある。
　(3)検出されないことが望ましい。
❸ (2)生命の維持や健康のために重要な働きをして
　いる。
　(4)体内でつくられる水分もある。
❹ (3)科学的な方法で検査が行われている。
　(5)ウ…日本では水の使用量が多く, 雨量が少ない
　年などには水不足に悩まされることがある。

3 生活排水やごみの処理, 環境の汚染と保全

p.76〜77　ステージ❶

教科書の要点
①生活排水　②生活雑排水　③下水道
④下水処理場　⑤し尿処理施設
⑥合併処理浄化槽　⑦衛生　⑧市町村　⑨3R
⑩循環型社会　⑪公害　⑫環境基本法

教科書チェック
❶× ❷× ❸○ ❹○

解説
❷リサイクルの例である。

p.78〜79　ステージ❷

❶ (1)①し尿　②生活雑排水　③生活排水
　　(2)ウ　(3)イ
❷ (1)下水処理場　(2)浄化槽
　　(3)し尿処理施設　(4)ウ
　　(5)合併処理浄化槽　(6)イ
❸ 例食器の汚れを拭いてから洗う。
　　洗剤を使いすぎない。
❹ (1)ウ　(2)ウ, エ　(3)ア, ウ, エ, オ
❺ (1)循環型社会
　　(2)①3R　②リデュース　③リユース
　　　④リサイクル
　　(3)②エ　③イ　④ア　(4)ア, ウ

解説
❶ し尿も生活雑排水も衛生的に処理される必要が
　ある。
❷ 下水道の整備が困難な地域では, 合併処理浄化

槽の整備が進められている。
❸ 油や生ごみなどを流さないようにすることも大
切である。
❺ (4)イ, オはリユース, エはリサイクルの例である。

保体レポート 3R
Reduce：リデュース。ものを大切に使い, ごみ
　　　　を減らす。
Reuse：リユース。使えるものは繰り返し使う。
Recycle：リサイクル。ごみを資源として再生利
　　　　用する。

p.80〜81　ステージ❷

❶ (1)イ
　　(2)例大量の汚染物質が出されたこと。
　　(3)①ウ　②イ　③ク　④オ　⑤エ
　　　⑥カ　⑦ケ　⑧ア　⑨キ
　　(4)ア, イ, ウ
❷ (1)PM2.5
　　(2)例不要不急の外出を控える。
　　(3)地球温暖化
　　(4)例熱中症の患者が増える。
❸ (1)①放射線　②放射性物質　③放射能
　　　④被ばく　⑤外部被ばく　⑥内部被ばく
　　　⑦シーベルト　⑧ベクレル
　　(2)①, ②, ⑥, ⑦, ⑧に○

解説
❶ (2)産業が急激に発展する中で, 大量の汚染物質
　が出されたことが原因である。
　(4)国や自治体などが対策を行うと同時に, 私たち
　も環境汚染を防ぐために取り組む必要がある。
❷ (2)外出するときにマスクをする, 窓の開閉を最
　小限にする, 屋外での長時間の激しい運動を控え
　るなどの行動も適切である。
　(4)感染症にかかりやすい要因が増える, 大気汚染
　による目や呼吸器の症状が出るなどの影響も心配
　されている。
❸ (2)放射線は自然界に存在している。また, いろ
　いろな分野で利用されている。放射線を適切に管
　理し, 正しい情報を入手することが大切である。

実技編 1章

1 新体力テスト・集団行動

p.82～83 ステージ**1**

教科書の要点
①体力測定 ②体力
③握力 ④上体起こし ⑤長座体前屈
⑥反復横跳び ⑦持久走
⑧20m シャトルラン ⑨50m 走
⑩立ち幅跳び ⑪ハンドボール投げ
⑫右向け－右 ⑬回れ－右

解説
②新体力テストの結果をグラフに表すことで，自
　分の体力のバランスがわかる。

p.84～85 ステージ**2**

❶ (1)㋐握力
　　㋑長座体前屈
　　㋒反復横跳び
　　㋓立ち幅跳び
　　㋔ハンドボール投げ
　(2)20m シャトルラン
　(3)30 秒間
　(4)①クラウチング
　　②胴
❷ (1)敏しょう性
　(2)握力，長座体前屈，持久走
　(3)全身持久力
　(4)長座体前屈，立ち幅跳び
❸ ①2　②20　③1500　④1000　⑤2
❹ (1)45 度から60 度
　(2)回れ－右
　(3)右向け－右
　(4)右足のかかとと左足のつま先
　(5)左足
❺ (1)図1 2列横隊　図2 3列縦隊
　(2)① A　② E　③ B

解説
❶ (2)持久走と 20m シャトルランは，どちらかを
　選択して行う。
❷ (1)反復横跳びの得点が最も高いため，敏しょう
　性が最も発達しているといえる。

2 体つくり運動・ラジオ体操

p.86～87 ステージ**1**

教科書の要点
①体ほぐし ②体の動き ③心 ④関わり
⑤ストレッチング ⑥体重
⑦13 ⑧深呼吸

解説
⑦⑧ラジオ体操は，13 種類の運動の順番やそれ
　ぞれの運動の動き，始めと終わりの姿勢をきち
　んとおさえることが重要である。

p.88～89 ステージ**2**

❶ (1)①体ほぐし ②体の動き
　　③柔らかさ〔柔軟性〕
　(2)①㋑ ②㋒ ③㋓ ④㋐
❷ (1)A巧みな動き
　　B動きを持続する能力
　　C体の柔らかさ
　　D力強い動き
　(2)D
❸ (1)㋑→㋐→㋒
　(2)㋒
　(3)㋐体を斜め下に曲げ，胸を反らす運動
　　㋑体を横に曲げる運動
　　㋒体を回す運動
❹ (1)㋐　(2)①㋐　②腕　③11

解説
❶ それぞれのストレッチングによって，体のどの
　部分を伸展させているかも確認しておこう。

実技編 2章

1 器械運動

p.90～91 ステージ**1**

教科書の要点
①ドイツ ②マット
③かかえ込み ④屈身 ⑤伸身 ⑥支持
⑦伸しつ ⑧開脚

解説
⑦ 「伸しつ」は漢字で「伸膝」と書き，「膝を伸ばす」
　という意味である。

p.92～93 ステージ**2**

❶ (1)⑦倒立前転　⑦開脚後転
　(2)①前後　②ひじ　③重心　④背中
　　⑤スピード

❷ (1)側方倒立回転　(2)$\frac{1}{4}$

❸ (1)⑦順手　⑦片逆手　⑤逆手
　(2)①前方支持回転　②ひざかけ上がり
　(3)例腕で体を支えた姿勢。

❹ ①伸ばし　②側

❺ (1)頭はね跳び　(2)ウ

解説

❹ 平均台運動の練習は，床に引いた線の上などで
行うとよい。

p.94～95 ステージ**2**

❶ (1)⑦開脚前転　⑦伸しつ後転
　(2)⑦ウ　⑦イ

❷ (1)⑦頭はねおき　⑦倒立ブリッジ　(2)胸

❸ (1)前方ひざかけ回転
　(2)①逆手　②ひざ

❹ ①×　②○　③○

❺ (1)⑦側方倒立回転跳び　⑦屈身跳び
　　⑤前方倒立回転跳び
　(2)⑦

解説

❸ 前方ひざかけ回転では，逆手で鉄棒を握る。

❹ ①平均台上で動くときは，顔全体が下を向かな
いように注意する。足元を見る必要があるときは，
目線だけを下に向ける。

❺ (2)跳び箱を縦置きにして屈身跳びを行う場合は，
跳び箱の前方に着手する。

2　陸上競技

p.96～97 ステージ**1**

教科書の要点

①記録　②ギリシャ　③体力
④クラウチングスタート
⑤スタンディングスタート
⑥レーン　⑦テークオーバーゾーン
⑧インターバル
⑨ミディアム　⑩抜き

解説

④⑤クラウチングスタートとスタンディングス
タートの違いを確認しておくとよい。

p.98～99 ステージ**2**

❶ (1)クラウチングスタート
　(2)⑤エロンゲーテッドスタート
　　①バンチスタート
　　②ミディアムスタート
　(3)①オンユアマークス　②セット
　　③加速疾走　④中間疾走　⑤腰
　　⑥胴体　⑦フィニッシュ

❷ (1)クラウチングスタート
　(2)テークオーバーゾーン
　(3)30m
　(4)イ

❸ ①吸う　②ペース

❹ (1)ハードリング
　(2)インターバル
　(3)3歩
　(4)例わざとハードルを倒したとき。
　　〔自分のレーン以外のハードルを跳んだと
　　き。足が外側にはみ出てバーよりも低い位
　　置を通ったとき。〕

❺ (1)そり跳び
　(2)①助走　②踏み切り

❻ (1)はさみ跳び〔背面跳び，ベリーロール〕
　(2)例バーを落としたとき。〔バーを越える前
　　に体の一部が支柱から先の地面に触れたと
　　き。両足で踏み切ったとき。〕

解説

❷ (1)スタート時のバトンの持ち方についても確認
しておくとよい。

❹ (4)わざとでなければ，ハードルを倒しても失格
にならない。

p.100～101 ステージ**2**

❶ (1)ウ　(2)ウ
　(3)スタンディングスタート　(4)イ

❷ (1)①左　②右　③前
　(2)⑦　(3)①

❸ (1)かがみ跳び，そり跳び，はさみ跳び
　(2)①⑦　②A　③C　④D　⑤B

④ (1)⑦背面跳び ④はさみ跳び
(2)1位D 2位A 3位B

解説

① (1)400mまでの競走種目では，決められたレーンを走らなければいけない。

② (2)インターバルは3歩で走るのが一般的である。
(3)ハードルは，高く跳ばずに走り越すように跳ぶ。

③ (2)④踏み切り線の先に体の一部が触れた場合は無効試技となる。
⑤砂場に残った踏み切り線に最も近い跡から踏み切り線までを直角に計測する。

④ (2)高く跳んだ順では順位がつかないので，試技数を見る。1位は1.61mでの試技数が最も少ないDとなる。残りの4人は1.50mまでは同記録で試技数も同じなので，1.45mでの試技数が最も少ないAが2位となり，次に少ないBが3位となる。CとEは1.40mの試技数が少ないCが4位，Eが5位となる。

3 水泳

p.102〜103 ステージ1

教科書の要点
①全身 ②競泳
③アーティスティックスイミング ④水球
⑤ストリームライン ⑥ストローク
⑦エントリー ⑧キャッチ ⑨プル
⑩リカバリー

解説
⑤水の抵抗を受けると遠くまで進むことができないため，ストリームラインは非常に重要である。

p.104〜105 ステージ2

① (1)①全身 ②準備運動
(2)バディシステム
(3)例お互いの安全を確認し，事故を防ぐことができる。
(4)ストリームライン

② (1)①ストローク ②S ③ひざ
(2)⑦キャッチ ④プル
(3)リカバリー
(4)ローリング
(5)ウ

③ (1)腕
(2)①ハート ②裏 ③後方 ④対称
⑤フィニッシュ ⑥吸って

④ (1)①小指 ②ひざ ③股関節 ④甲
(2)例水中からスタートする。

⑤ (1)ドルフィンキック
(2)①ストローク ②コンビネーション

解説

① (3)安全に泳ぐためには，準備運動をきちんと行い，体を水に慣れさせながらゆっくりと足から水に入ること，バディシステムをとることなどが重要である。

保体レポート 水泳中の筋肉けいれん
水泳中の筋肉けいれんは，ふくらはぎや足の指，手の指などに起こることが多い。けいれんが起こると激しく痛むことが多いのでパニックになりやすいが，慌てずにけいれんの起きた部分を伸ばす。ふくらはぎがけいれんした場合は，つま先を持って足の甲側に引き付けるようにするとよい。痛みが和らいだら水から上がり，けいれんした部分をもう一度伸ばしたりマッサージしたりするとよい。

p.106〜107 ステージ2

① (1)クロール
(2)

	クロール	平泳ぎ	背泳ぎ	バタフライ
足	④	エ	⑦	ウ
手	キ	ク	オ	カ

② ①× ②○ ③○

③ (1)⑦背泳ぎ ④平泳ぎ
(2)①両手 ②バタフライ ③一部 ④あおむけ

④ (1)⑦個人メドレー ④メドレーリレー
(2)①背泳ぎ ②平泳ぎ ③自由形 ④背泳ぎ ⑤平泳ぎ ⑥自由形

解説

③ 平泳ぎとバタフライのターンでは，両手を同時に壁につけなければならない。

実技編 3章

1　バスケットボール

p.108～109 ステージ**1**

教科書の要点

①アメリカ　②（ジェイムス・）ネイスミス
③5　④3　⑤2　⑥1
⑦シュート　⑧ドリブル　⑨パス
⑩リバウンド〔リバウンディング〕
⑪ドライブイン　⑫ポストプレイ
⑬トラベリング　⑭イリーガルドリブル
⑮置く

解説

⑧相手ゴールに向かってボールを速く進めるとき
は高い位置で，防御者が近くにいるときは低い
位置でドリブルを行う。

p.110～111 ステージ**2**

❶ (1)⑦エンドライン
　　　⑦サイドライン
　　　⑦スリーポイントライン
　　　⑦フリースローライン
　　　⑦制限区域
　　　⑦センターサークル
　(2)28
　(3)①5　②ドリブル　③シュート
❷ (1)ア　(2)イ　(3)イ　(4)ア　(5)ア
❸ (1)3秒ルール
　(2)プッシング
　(3)チャージング
　(4)トラベリング
　(5)イリーガルドリブル〔ダブルドリブル〕
❹ (1)⑦ブロッキング
　　　⑦トラベリング
　　　⑦イリーガルユースオブハンズ
　(2)①⑦　②⑦　③⑦
❺ (1)①2　②ストライドストップ　③目
　　　④ジャンプ　⑤セットシュート
　(2)ひざ

解説

❺ (1)セットシュートは，片手でシュートする場合
と両手でシュートする場合がある。

p.112～113 ステージ**2**

❶ (1)アウトオブバウンズ
　(2)①スローイン　②制限区域　③3　④5
　　　⑤8　⑥24
　(3)ホールディング
　(4)ア
❷ (1)ジャンプシュート
　(2)イ
❸ (1)①マンツーマンディフェンス　②ゴール
　(2)⑦
❹ ①×　②×　③○　④×　⑤○
❺ (1)例攻撃側が相手の制限区域内に3秒以上と
　　　どまっている違反。
　(2)ショルダーパス

解説

❸ ディフェンスには，プレイヤー一人ひとりが決
められた相手をマークして守るマンツーマンディ
フェンスと，それぞれのプレイヤーが守る地域を
決め，ボールの移動に対して5人が協力して守る
ゾーンディフェンスがある。

❹ ②ランニングシュート（レイアップ）のように，
そっと置くようにシュートする場合もある。
④ドリブルをして止まった後に再びドリブルを行
うと，違反（イリーガルドリブル）となる。

保体レポート 漢字で書く競技名

野球のように，籠球（バスケットボール），蹴球
（サッカー），送球（ハンドボール），排球（バレー
ボール），庭球（テニス），羽球（バドミントン）など，
いろいろなスポーツを漢字で表すことができる。

2　サッカー

p.114～115 ステージ**1**

教科書の要点

①イギリス　②11　③手　④ゴール
⑤シュート　⑥ドリブル　⑦パス
⑧フェイント　⑨オフサイド
⑩アウトサイド　⑪インサイド
⑫インステップ

解説

⑨違反すると，違反のあった場所から相手チーム
の間接フリーキックとなる。

p.116〜117 ステージ**2**

❶ (1)⑦ゴールライン
　　　⑦タッチライン
　　　⑦コーナーアーク
　　　⑦ペナルティアーク
　　　⑦センターサークル
　　　⑦ハーフウェーライン〔ハーフウェイライン〕
　　(2)⑦ペナルティエリア　⑦ゴールエリア
　　(3)①センターサークル　②キックオフ
❷ (1)⑦, ⑦　　(2)イ　　(3)イ
❸ (1)アウトサイドキック　　(2)⑦
　　(3)インサイドキック
　　(4)⑦
　　(5)インステップキック
　　(6)⑦
　　(7)トラッピング
　　(8)ヘディング
❹ ①⑦　②スローイン
　　③⑦　④コーナーキック
　　⑤⑦　⑥ペナルティキック
　　⑦⑦　⑧直接フリーキック
❺ ①○　②○　③×

解説

❷ (1)ボール全体が両ゴールポストの間とクロスバーの下でゴールラインを完全に越えているものを選ぶ。
❸ (8)ヘディングは目をしっかり開き，ボールをよく見て，上体の反りを利用する。
❺ ③攻撃の中心となるポジションはフォワード(FW)であり，ディフェンダー(DF)は主に守備を担当するポジションである。

3　ハンドボール・ソフトボール

p.118〜119 ステージ**1**

教科書の要点

①デンマーク　②ドイツ　③7　④7　⑤交代
⑥3　⑦3　⑧9　⑨3
⑩ゴールエリア　⑪ポストプレイ　⑫捕手

解説

⑩ゴールエリアのゴールラインをボールが完全に通過したとき，得点となる。

p.120〜121 ステージ**2**

❶ (1)⑦ゴールライン
　　　⑦ゴールキーパーライン
　　　⑦7mライン
　　　⑦ゴールエリアライン
　　　⑦フリースローライン
　　(2)ゴールエリア
　　(3)40
❷ (1)スローオフ
　　(2)①スローイン　②ゴールキーパースロー
　　　③オーバータイム　④オーバーステップ
　　　⑤フリースロー　⑥7mスロー
　　(3)①ハッキング　②チャージング
　　　③プッシング　④ホールディング
❸ (1)⑦ステップシュート　⑦ショルダーパス
　　(2)バックスイング
❹ (1)①投手　②捕手　③1塁手　④2塁手
　　　⑤3塁手　⑥遊撃手　⑦左翼手
　　　⑧中堅手　⑨右翼手
　　(2)約18m〔18.29m〕
❺ (1)⑦と⑦
　　(2)①スリングショットモーション〔スリングショット投法〕
　　　②ウインドミルモーション〔ウインドミル投法〕
　　(3)①○　②×　③○

解説

❺ (3)②高く空中に上がった打球をフライという。

4　バレーボール

p.122〜123 ステージ**1**

教科書の要点

①ネット　②6　③1　④サービス
⑤サービス　⑥レシーブ　⑦トス
⑧スパイク　⑨ブロック　⑩セッター
⑪リベロ〔リベロプレイヤー〕
⑫落下点　⑬前足

解説

⑦スパイクを打つプレイヤーが正面にいる場合はオープントス，後ろにいる場合はバックトスでボールを上げる。

p.124～125 ステージ2

❶ (1)㋐オーバーハンドパス
　　㋑アンダーハンドパス
　　㋒スパイク
　(2)①落下点　②ひざ　③三角形　④手首
　　⑤落下点　⑥ひざ　⑦ひじ　⑧スナップ

❷ (1)ダブルコンタクト
　(2)ローテーション

❸ (1)アンダーハンドサービス
　(2)①前後　②ネット　③後ろ足　④トス
　　⑤前足　⑥ひざ　⑦前

❹ (1)リベロ〔リベロプレイヤー〕
　(2)ブロック
　(3)タッチネット
　(4)フォアヒット
　(5)フットフォールト
　(6)1点
　(7)1点

解説

❶ (1)オーバーハンドパスは高いボールのレシーブ
やトスに用いる。アンダーハンドパスは低いボー
ルや勢いのあるボールのレシーブに用いる。

p.126～127 ステージ2

❶ ㋐サイドライン
　㋑エンドライン
　㋒アタックライン
　㋓センターライン
　㋔フロントゾーン
　㋕バックゾーン
　㋖サービスゾーン

❷ (1)㋐, ㋑, ㋒　(2)イ, ウ

❸ ①サービス〔スパイク〕　②レシーブ　③C

❹ (1)フローターサービス
　(2)①前　②体重

❺ (1)㋐オーバーハンドパス
　　㋑アンダーハンドパス
　　㋒アンダーハンドサービス
　　㋓スパイク
　(2)例額の前で三角形をつくる。

❻ ㋐タッチネット
　㋑フォアヒット
　㋒ダブルコンタクト

解説

❷ (1)㋓は，サービスラインを踏んでいるが，踏み
越していないので，フットフォールトにはならな
い。
(2)ボールを明らかに静止させた場合，キャッチ
（ホールディング）となる。また，ローテーション
とは，時計回りにポジションを1つずつ移動する
ことである。

5　卓球・ソフトテニス・バドミントン

p.128～129 ステージ1

教科書の要点

①ネット〔卓球台〕　②フランス　③ネット
④シャトル
⑤レシーブ　⑥スマッシュ
⑦グラウンドストローク　⑧ボレー
⑨スマッシュ　⑩クリアー　⑪フライト

解説

①卓球台はネットによって2つのコートに分けら
れている。

p.130～131 ステージ2

❶ (1)㋐シェークハンドグリップ〔シェイクハン
　　ドグリップ〕
　　㋑ペンホルダーグリップ
　(2)①2　②11

❷ (1)㋐サービスライン　㋑ベースライン
　(2)例2人のプレイヤーが1チームとなり，2
　　対2でゲームを行うこと。
　(3)ウエスタングリップ
　(4)①ロビング　②ドライブ

❸ (1)スマッシュ　(2)ウ　(3)ボレー

❹ (1)オーバーヘッドストローク〔スマッシュ〕
　(2)ア
　(3)①×　②○　③×

解説

❸ (2)アはフォアハンドのグラウンドストローク，
イはバックハンドのグラウンドストロークについ
て述べたものである。

❹ (3)①バドミントンのサービスでは，ラインを踏
んだり踏み越したりしてはいけない。

実技編 4章

1 柔道

p.132～133 ステージ**1**

教科書の要点
①嘉納治五郎（かのうじごろう）　②礼儀　③柔道衣　④礼法
⑤取　⑥受　⑦受け身　⑧崩し　⑨体さばき

解説
①嘉納治五郎は，柔道の創設者であるとともに，日本で初めて国際オリンピック委員会(IOC)の委員となった人物である。

p.134～135 ステージ**2**

❶ (1)座礼
　(2)①敬意　②30　③左　④右　⑤左座右起
❷ (1)⑦横襟　⑦前襟　⑦袖口　㋪前帯　㋐裾口
　　㋕後ろ襟　㋖後ろ帯
　(2)自然体
　(3)つり手
　(4)引き手
　(5)崩し
　(6)8方向
❸ (1)横受け身
　(2)例後頭部を守るため。
❹ (1)⑦支えつり込み足
　　⑦体落とし
　　⑦大腰
　(2)①⑦　②⑦　③⑦
❺ (1)⑦上四方固め
　　⑦本けさ固め〔けさ固め〕
　(2)①頭　②横帯　③胸
❻ ⑦一本　⑦技あり

解説
❸ 受け身は，投げられたときに安全に身を処するために身に付ける。後ろ受け身では，あごを引いたり帯を見たりして後頭部を打たないようにする。

保体レポート **武道**
武道には，柔道や剣道の他，空手道や合気道，弓道などがある。

2 剣道・相撲

p.136～137 ステージ**1**

教科書の要点
①竹刀　②胴　③まわし　④土俵
⑤打突　⑥間合い〔間合〕　⑦しかけ技
⑧応じ技　⑨残心　⑩差し手　⑪上手
⑫もろ差し

解説
③まわしの締め方も確認しておくとよい。

p.138～139 ステージ**2**

❶ (1)⑦垂れ　⑦竹刀
　(2)a 柄頭　b つば　c 中結　d 剣先
　(3)刃部
❷ (1)⑦右面　⑦左面　⑦右胴　㋪左胴
　　㋐右小手　㋕左小手
　(2)自然体
　(3)のど
　(4)一足一刀の間合い
　(5)一本
　(6)①竹刀　②(有効)打突部位　③残心
❸ (1)ざんしん
　(2)例打突の直後も油断せず，相手の攻撃に応じられる心構え。
❹ (1)⑦四股　⑦伸脚　⑦仕切り
　(2)①⑦　②⑦　③⑦
❺ (1)運び足
　(2)寄り
　(3)押し
　(4)突き
　(5)調体

解説
❶ (1)垂れの他に，面，小手，胴を身につける。
❷ 足さばきについてもおさえておく。剣道では，構えを崩さずに腰を安定させて移動することが重要である。
❺ 相撲の基本動作の他に，けがを防ぐための受け身を身に付けるとよい。

保体レポート **そんきょの姿勢**
そんきょの姿勢には足腰を強くする効果があるため，エクササイズとしても取り入れられている。

3　ダンス

p.140〜141 **ステージ 1**

教科書の要点

①リズム　②社交ダンス　③バレエ
④モダンダンス　⑤フォークダンス
⑥民踊〔民謡〕　⑦イメージ
⑧ユニゾン　⑨カノン
⑩シングルサークル　⑪ダブルサークル

解説

⑤フォークダンスには，ポルカターン，ウォーキ
ング，スキップなどのステップがある。

p.142〜143 **ステージ 2**

❶ (1)イ
(2)オ
(3)エ
(4)ウ

❷ (1)①テーマ　②イメージ　③なか
(2)ウ

❸ (1)シンメトリー
(2)アシンメトリー
(3)ユニゾン
(4)カノン

❹ (1)㋐プロムナードポジション
㋑バルソビアナポジション
㋒オープンポジション
㋓ショルダーウエストポジション
㋔クローズドポジション
(2)㋐方形
㋑ダブルサークル〔二重円・対向〕
㋒シングルサークル〔一重円〕
(3)①アメリカ　②旧チェコスロバキア
③岐阜県　④福岡県

❺ (1)ボックスステップ
(2)リズム
(3)ヒップホップ〔ロックダンス，ブレイクダ
ンス〕

解説

❹ 世界のいろいろな国や地域には独特なダンスが
あり，バリ舞踊，ベリーダンス，フラメンコなど
はダンスやリズムだけでなく，衣装にも特徴があ
る。

保体レポート 日本の民踊(民謡)

日本の民踊は，重心を低くして地面を踏みしめる
ような足どりのものが多く，手拍子やリズムに特
徴のあるものもある。ソーラン節(北海道)，佐渡
おけさ(新潟県)，阿波踊り(徳島県)などは広く知
られている。

定期テスト対策

スピード
チェック

保健体育

付属の赤シートを
使ってね！

「スピードチェック」は取りはずして使用できます。

1年　体育編1章
スポーツの多様性

ファイナル チェック

1　スポーツの楽しさと必要性

☐❶下の図のように，スポーツを行う理由には，必要性の他 ｜ 楽しさ
に何があるか。

☐❷スポーツという言葉は，本来どのような意味があったか。｜ 気晴らし

☐❸スポーツの捉え方は，時代とともに変わってきたか。 ｜ 変わってきた。

2　スポーツへの多様な関わり方

☐❹野球チームのマネジャーは，知る，見る，行う，支える ｜ 支える
のうち，どのようにスポーツに関わっているか。

☐❺インターネットでサッカーの試合の結果を調べることは，｜ 知る
知る，見る，行う，支えるのうち，どのようにスポーツに
関わっているか。

☐❻会場でテニスの試合を観戦することは，知る，見る，行 ｜ 見る
う，支えるのうち，どのようにスポーツに関わっているか。

3　スポーツの多様な楽しみ方

☐❼体を動かすことの心地よさを楽しむことや，体の動きを ｜ 体力
高めることを楽しむことは，何を高めるための運動の楽し
み方か。

☐❽相手と競うための運動の楽しみ方には，参加する人の年 ｜ ルールを工夫する。
齢や場に応じてどのようにする方法があるか。

☐❾仲間と交流する運動の楽しみ方には，互いのよさや何を ｜ 違い
認めるという方法があるか。

☐❿スポーツを継続的に行うためには，一緒に活動する何を ｜ 仲間
もつとよいか。

☐⓫スポーツを継続的に行うためには，❿や活動しやすい時 ｜ 空間
間の他に，活動しやすい何をもつとよいか。

保健体育　1〜3年

1年　保健編1章
健康な生活と病気の予防(1)

ファイナル チェック

1　健康の成り立ち

☐❶病気の要因のうち，その人個人の要因を何というか。　　主体の要因

☐❷❶のうち，年齢，性，体質，抵抗力などのことを何という か。　　素因

☐❸病気の要因のうち，個人を取り巻く状態の要因を何という か。　　環境の要因

☐❹❸のうち，細菌やウイルスなどの要因を何というか。　　生物学的環境の要因

☐❺❸のうち，人間関係や保健・医療制度などの要因を何と いうか。　　社会的環境の要因

2　運動と健康

☐❻適度な運動は，精神的によい効果があるか。　　ある。

☐❼運動不足は，生活習慣病の原因となるか。　　なる。

☐❽健康づくりのための運動では，個人の生活環境や年齢な どに応じて，運動の種類と強さの他に何を決めて行うこと が大切か。　　時間〔頻度〕

3　食生活と健康

☐❾生命を維持するために最小限必要なエネルギーの消費量 を何というか。　　基礎代謝量

☐❿健康な体をつくるためには，食事によって何をバランス よくとる必要があるか。　　栄養素

☐⓫❿のうち，不足すると，体力の低下や筋肉量の減少，貧 血などの原因となるものは何か。　　たんぱく質

☐⓬❿のうち，不足すると，骨や歯の発育不良などの原因と なるものは何か。　　カルシウム

☐⓭❿のうち，とりすぎると，肥満，動脈硬化などの生活習 慣病の原因となるものは何か。　　脂肪

4　休養・睡眠と健康

☐⓮長時間の学習，運動，作業などによって，頭がぼんやり したりミスが多くなったりする状態を何というか。　　疲労

☐⓯心身の状態として現れた⓮を回復するために最も効果的 な休養のとり方は何か。　　睡眠

本冊 p.10 ~ 19

1年　保健編2章

心身の発達と心の健康①

ファイナル チェック

1　体の発育・発達

☑❶身長や体重が急に発育する時期を何というか。	発育急進期
☑❷胸腺(きょうせん)やへんとうなどの，病原体から体を守る働きをしている器官を何というか。	リンパ器官
☑❸下の図1の㋐~㋓のうち，❷の発育の様子を表しているものはどれか。	㋐
☑❹空気をいっぱいに吸い込(こ)んだ後，一気にできるだけ多く吐(は)き出したときの空気の量を何というか。	肺活量
☑❺呼吸器が発達すると，何が減少するか。	呼吸数
☑❻循環(じゅんかん)器が発達すると，何が増大するか。	拍出量(はくしゅつりょう)

2　生殖機能の成熟

☑❼思春期になると，脳の下垂体から何が分泌(ぶんぴつ)されるか。	性腺刺激(せいせんしげき)ホルモン
☑❽卵巣では何が成熟するか。	卵子
☑❾精巣では何がつくられるか。	精子
☑❿成熟した❽が卵巣の外に出されることを何というか。	排卵(はいらん)
☑⓫初めての射精を何というか。	精通
☑⓬初めての月経を何というか。	初経
☑⓭受精卵は細胞分裂(さいぼうぶんれつ)を繰(く)り返し，子宮内膜(ないまく)の中に潜(もぐ)り込む。これを何というか。	着床(ちゃくしょう)
☑⓮⓭から出産するまでの状態を何というか	妊娠(にんしん)
☑⓯下の図2は，女子の生殖(せいしょく)器の断面を表している。図の㋐を何というか。	卵管

図1

出生後20歳までの発育量（重さ）を100とした比率
200
180
160
140
120
100
80
60
40
20
0
㋐
㋑
㋒
㋓
0 2 4 6 8 10 12 14 16 18 20
〔歳〕

（Scammonによる）

図2

卵子
㋐

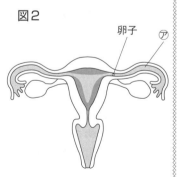

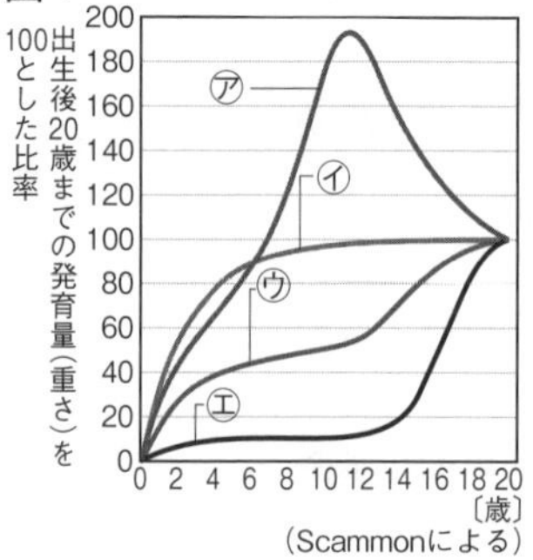

1年　保健編2章
心身の発達と心の健康②

ファイナル チェック

1　心の発達

□❶言葉を使う，記憶(き おく)する，理解する，判断する，考えるな　知的機能
どの働きを何というか。

□❷感情や意思などを何というか。　　　　　　　　　　　　　　情意機能

□❸下の図は，感情の発達を表している。⑦に当てはまるも　喜び
のは，楽しさ，喜びのうちどちらか。

□❹下の図の⑦に当てはまるのは，5歳，7歳のうちどちら　5歳
か。

□❺自主性や協調性，責任感などの，社会生活を送るために　社会性
必要な態度や行動の仕方，考え方を何というか。

2　自己形成と欲求不満やストレスへの対処

□❻思春期になり，自分なりの考え方や行動の仕方がつくら　自己形成
れていくことを何というか。

□❼こうしたい，こうしたくない，これが欲しいなどと感じ　欲求
る心の働きを何というか。

□❽❼が満たされないとき，私たちは不快な感情をもつよう　欲求不満
になる。このような状態を何というか。

□❾周囲からの刺激によって心身に負担がかかった状態を何　ストレス
というか。

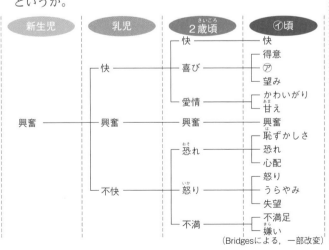

（Bridgesによる，一部改変）

2年　体育編 2 章
スポーツの効果と学び方や安全な行い方

ファイナル チェック

1　スポーツの効果

☑❶スポーツを行い，適切な食事をとることで，何を予防することができるか。　肥満〔生活習慣病〕

☑❷スポーツを行うことで，何を解消することができるか。カタカナ4文字で答えなさい。　ストレス

☑❸公正さや楽しさと安全を保障し，共通の条件下で競うことができるように定められたものを何というか。　ルール

☑❹スポーツをより楽しく行うために求められる，お互いが気をつけるものを何というか。　マナー

☑❺❸や❹を守り，相手を尊重して，よいプレイをすることを何というか。　フェアプレイ

2　スポーツの学び方

☐❻バスケットボールのシュートのように，スポーツにおける目的にかなった合理的な体の動かし方を何というか。　技術

☐❼個人やチームが❻を使って相手との競い合いを有利に運ぶためのプレイの方法を何というか。　戦術

☐❽対戦相手などの条件に応じて決める，試合を行う際の方針を何というか。　作戦

3　スポーツの安全な行い方

☐❾スポーツを安全に行うためには，時間や頻度の他に，何を適切に決めて計画を立てる必要があるか。　強さ

☐❿安全のため，スポーツ活動前に行う運動を何というか。　準備運動

☐⓫安全のため，スポーツ活動後に行う運動を何というか。　整理運動

☐⓬下の図のように，野外スポーツを安全に楽しむためには，何を身に付ける必要があるか。　自然に関する知識

2年　保健編3章
健康な生活と病気の予防⑵①

ファイナル チェック

1　生活習慣病とその予防

☐❶生活習慣がその発症や進行に関係している病気を何とい　生活習慣病
　うか。

☐❷下の図1のように，動物性脂肪のとりすぎや運動不足な　動脈硬化
　どによって，血管の壁にコレステロールなどの脂肪がたま
　り，血管が硬くもろくなった状態を何というか。

☐❸塩分のとりすぎやストレスなどによって，動脈にかかる　高血圧
　圧力が異常に高くなった状態を何というか。

☐❹狭心症や心筋梗塞などの病気をまとめて何というか。　　心臓病

☐❺脳梗塞や脳出血などの病気をまとめて何というか。　　　脳卒中

☐❻血液に含まれるブドウ糖の量が異常に多くなる病気を何　糖尿病
　というか。

☐❼下の図2のように，口腔内の不衛生などは，何という病　歯周病
　気につながるか。

☐❽生活習慣病の予防には，何を身に付けて継続することが　健康的な生活習慣
　大切か。

2　がんとその予防

☐❾正常な細胞の遺伝子が傷ついて変化し，無秩序に増殖し　がん
　て器官の働きを壊す病気を何というか。

☐❿❾の病気の原因は，主に生活習慣と何か。　　　　　　　細菌〔ウイルス〕

☐⓫❾の病気の予防や進行の防止のためには，何を受診する　がん検診
　ことが有効か。

☐⓬❾の病気は，早期発見・早期治療により，回復したり進　ある。
　行を食い止めたりできることがあるか。

図1
健康な血管
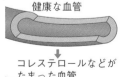
コレステロールなどが
たまった血管

図2

正常　　歯肉炎

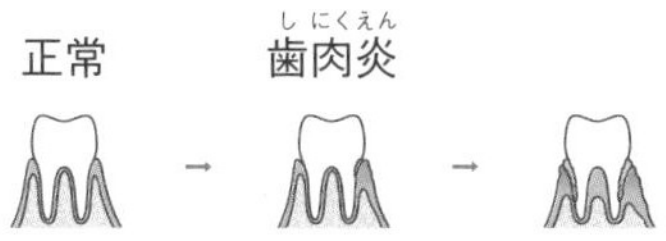

2年　保健編3章
健康な生活と病気の予防(2)②

ファイナル チェック

1　喫煙と健康

☐❶たばこの煙の中の主な有害物質のうち，発がん性物質を多く含むものは何か。 — タール

☐❷たばこの煙の中の主な有害物質のうち，強い依存性があるものは何か。 — ニコチン

☐❸たばこの煙の中の主な有害物質のうち，酸素の運搬能力を低下させるものは何か。 — 一酸化炭素

☐❹喫煙者がたばこから直接吸い込む煙を何というか。 — 主流煙

☐❺たばこの先から出る煙を何というか。 — 副流煙

☐❻喫煙者の近くにいる人が，喫煙者が吐き出す煙や❺の煙を吸い込むことを何というか。 — 受動喫煙

☐❼法律で禁止されているのは，何歳未満の喫煙か。 — 20歳未満

2　飲酒と健康

☐❽酒類の主成分は何か。 — アルコール

☐❾短時間に大量の酒を飲むと，何を起こして死に至ることがあるか。 — アルコールの急性中毒〔急性アルコール中毒〕

☐❿飲酒の習慣が続き，酒を飲むことをやめられなくなることを何というか。 — アルコール依存症

☐⓫法律で禁止されているのは，何歳未満の飲酒か。 — 20歳未満

3　薬物乱用と健康

☐⓬医薬品を医療の目的以外で使用したり，法律で禁止されている薬物を不正に使用したりすることを何というか。 — 薬物乱用

☐⓭薬物には依存性があるか。 — ある。

☐⓮薬物乱用をやめてしばらくたった後でも，何らかのきっかけで幻覚や妄想などが突然現れる現象を何というか。 — フラッシュバック（現象）

☐⓯公正な競技を妨げる，心身に悪影響を及ぼすなどの理由で禁止されている，医薬品をスポーツの競技力を高めるために使用する行為を何というか。 — ドーピング

4　喫煙・飲酒・薬物乱用のきっかけと対処

☐⓰喫煙・飲酒・薬物乱用の開始には，個人の要因の他に何の要因が関係しているか。 — 社会的環境の要因

2年 保健編4章
傷害の防止①

ファイナル チェック

1 傷害・交通事故・犯罪被害の防止

☐❶中学生の事故による死亡の上位を占める2つの原因は，水難事故と何か。　交通事故

☐❷傷害は，2つの要因が関わり合って起こるものである。2つの要因とは，人的要因と何か。　環境要因

☐❸中学生の交通事故の多くは，どのようなときに起こっているか。　自転車乗用中

☐❹交通事故の3つの要因のうち，自転車や自動車のブレーキの故障などを何要因というか。　車両要因

☐❺下の図のように，自動車の運転者から見えない部分を何というか。　死角

☐❻自動車の前輪と後輪の通り道の差を何というか。　内輪差

☐❼自動車のブレーキがきき始めるまでに自動車が走る距離を何というか。　空走距離

☐❽自動車のブレーキがきき始めてから止まるまでの距離を何というか。　制動距離

☐❾交通事故を防ぐためには，何を守って安全に行動する必要があるか。　交通法規

2 自然災害への備え

☐❿地震や台風，大雨，大雪などの自然現象による被害を何というか。　自然災害

☐⓫地震，台風，大雨，大雪のうち，発生を予知することが特に困難なものはどれか。　地震

☐⓬雷，竜巻，津波，大雪のうち，地震の二次災害として発生することがあるものはどれか。　津波

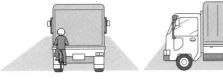

2年　保健編4章
傷害の防止②

ファイナル チェック

1 応急手当・傷の手当

☑❶けが人や病人が出たときの一時的な手当を何というか。　　応急手当

☑❷下の図1は何をしている様子を表しているか。　　気道確保

☑❸下の図2の処置を何というか。　　人工呼吸

☑❹下の図3の処置を何というか。　　<ruby>胸骨圧迫<rt>きょうこつあっぱく</rt></ruby>

☑❺❹の処置は，何を人工的に<ruby>循環<rt>じゅんかん</rt></ruby>させて酸素を心臓に送る　　血液
ために行うか。

☑❻下の図2や図3のような，意識や呼吸がないけが人や病　　<ruby>心肺蘇生<rt>しんぱいそせい</rt></ruby>
人に対して心臓や肺の働きを補うために行う処置を何とい
うか。

☑❼ AED の名称を漢字で答えなさい。　　<ruby>自動体外式除細動器<rt>じょさいどう</rt></ruby>

☑❽ AED は，ふだんどおりの呼吸ができる場合とできない　　できない場合
場合のどちらで使用するか。

☑❾傷の手当をする場合，<ruby>患部<rt>かんぶ</rt></ruby>を圧迫して出血を止める方法　　直接圧迫止血法
を何というか。

☑❿下の図4の⑦，⑦のうち，骨折を表しているのはどちら　　⑦
か。

図1

図2　　　　　図3

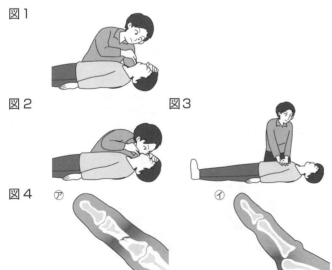

図4　　⑦　　　　　　⑦

3年　体育編3章
文化としてのスポーツ

ファイナル チェック

1　スポーツの文化的意義

☐❶スポーツを行うことによって，世代等を超えた何が生み出されるか。 ┆ (豊かな)交流

☐❷スポーツを行うことによって，健康の保持増進などの何がもたらされるか。 ┆ 健やかな心身

☐❸スポーツを行うことによって，新たな自分を発見できることがあるか。 ┆ ある。

☐❹スポーツを振興するために2011年に制定された法律を何というか。 ┆ スポーツ基本法

☐❺スポーツを振興するために，❹に基づいて2012年に定められた計画を何というか。 ┆ スポーツ基本計画

2　国際的なスポーツ大会

☐❻古代に行われていた競技会を参考にして，ピエール・ド・クーベルタンによって創始された国際的なスポーツ大会を何というか。 ┆ オリンピック競技大会

☐❼❻の大会のすぐ後に開催される，さまざまな障害のある人が参加する国際的なスポーツ大会を何というか。 ┆ パラリンピック競技大会

☐❽国際的なスポーツ大会は，国際親善の他に何に関して大きな役割を果たしているか。 ┆ 世界平和

☐❾国際的なスポーツ大会の様子を世界中に伝えている，テレビやインターネットなどを何というか。 ┆ メディア

3　人々を結び付けるスポーツ

☐❿下の図のように，スポーツには，国籍や年齢，性，障害の有無などの違いを超えて，人々をどのようにする働きがあるか。 ┆ 結び付ける働き

3年　保健編5章
健康な生活と病気の予防(3)

ファイナル チェック

1　感染症や性感染症とその予防

□❶細菌やウイルスなどの病原体に感染することで起こる病　感染症
気を何というか。

□❷病原体に感染してから発病するまでの期間を何というか。　潜伏期間

□❸結核の原因となる病原体は何か。　結核菌

□❹病原体を保有する人や動物，病原体に汚染されたものな　感染源
どを何というか。

□❺病原体がうつる道筋を何というか。　感染経路

□❻血液中の白血球の一種であるリンパ球が中心となって病　免疫
原体から体を守る働きを，抵抗力の中でも特に何というか。

□❼性的接触によって感染する病気を何というか。　性感染症

□❽エイズの正式名称は何か。　後天性免疫不全症候群

□❾エイズの原因となる病原体は何か。　HIV〔ヒト免疫不全ウイルス〕

2　保健・医療機関や医薬品の利用・健康に生きる社会

□❿保健所，保健センターのうち，都道府県や政令市などが　保健所
運営しているのはどちらか。

□⓫保健所，保健センターのうち，健康相談や予防接種など　保健センター
の身近な保健サービスを行っているのはどちらか。

□⓬医薬品の作用のうち，期待される作用を何というか。　主作用

□⓭医薬品の作用のうち，期待される作用以外の好ましくな　副作用
い作用を何というか。

□⓮下の図のように，これまでに使用した薬などについて記　お薬手帳
録しておくものを何というか。

□⓯国民の健康増進を目的として，国民，国，地域の責務が　健康増進法
定められている法律を何というか。

3年　保健編6章
健康と環境①

ファイナル チェック

1　環境と適応能力

☐❶私たちの体に備わっている，周りの環境の変化に対応する力を何というか。

適応能力

☐❷暑さに対応する❶の力の限界を超えることで，目まいや吐き気，けいれんなどが起こる症状を何というか。

熱中症

☐❸私たちは暑さや寒さを何の組み合わせから感じているか。3つ答えなさい。

気温，湿度，気流

☐❹暑すぎたり寒すぎたりしない，活動に適した温度の範囲を何というか。

至適温度

☐❺明るさ（照度）を表す単位をカタカナで答えなさい。

ルクス

☐❻明るさ（照度）は，何という機械で測定することができるか。

照度計

☐❼学校の教室と廊下のうち，明るさがより必要である場所はどちらか。

教室

2　空気と水

☐❽閉め切った部屋などにおいて，濃度が空気の汚れを知る指標となる気体は何か。

二酸化炭素

☐❾下の図は，物が不完全燃焼したときに発生する，有害な気体の発生源を表している。この気体は何か。

一酸化炭素

☐❿❾の気体は，体内に入ると，血液中の赤血球に含まれる何と結合するか。

ヘモグロビン

☐⓫室内の空気をきれいに保つためには何をすればよいか。漢字2文字で答えなさい。

換気

☐⓬日本では，安全な水を確保するために，ある施設でごみや細菌を取り除いたり水質検査を行ったりしている。この施設を何というか。

浄水場

練炭・炭こんろ

自動車の排出ガス

石油・ガスストーブ

本冊 p.76～81

3年　保健編6章

健康と環境②

ファイナル チェック

1　生活排水やごみの処理

❶台所や風呂(ふろ)などから出される排水(はいすい)を何というか	生活雑排水
❷水洗トイレから出されるし尿(にょう)を含んだ水と❶を合わせて何というか。	生活排水
❸し尿を含んだ水は，下水道が整備されている地域ではどこで処理されるか。	下水処理場
❹下水道が整備されていない地域では，し尿と生活排水を合わせて微生物の力で処理する，何という施設の整備が進められているか。	合併(がっぺい)処理浄化槽(じょうかそう)
❺ごみを種類別に分けて収集することを何というか。	分別収集
❻下の図に表された，ごみの処理に関して推進されている3Rとは何か。3つ全てカタカナで答えなさい。	リデュース，リユース，リサイクル
❼資源を循環させて有効に利用する社会を何というか。	循環型社会

2　環境の汚染と保全

❽産業の発達などに伴(ともな)い1950年代頃から発生した，大量の汚染物質が出されたことなどが原因で起こる健康被害を何というか。	公害
❾日本における代表的な❽のうち，カドミウムが原因であるものは何か。	イタイイタイ病
❿❾で，カドミウムは大気汚染物質か，水質汚染物質か。	水質汚染物質
⓫環境汚染への対策として1993年に制定された法律は何か。	環境基準法

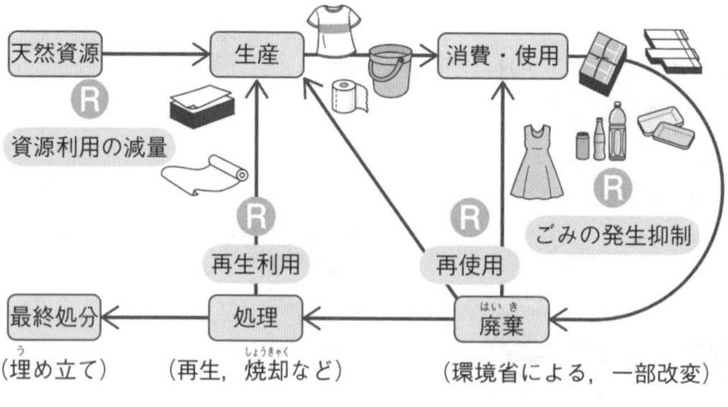

(環境省による，一部改変)

実技編 1 章
新体力テスト・集団行動・体つくり運動・ラジオ体操

ファイナル チェック

新体力テスト

☐❶持久走と50m走のうち，しゃがんだ状態でスタートする（クラウチングスタート）のはどちらか。 ╎ 50m走

☐❷持久走では，男子は何m走って時間を計測するか。 ╎ 1500m

☐❸上体起こしでは，上体を起こした数を何秒間で測定するか。 ╎ 30秒間

☐❹長座体前屈では，筋力，柔軟性，敏しょう性のうち，どのような体力の様子を知ることができるか。 ╎ 柔軟性

☐❺ハンドボール投げでは，直径何mの円の中からボールを投げるか。 ╎ 2m

集団行動

☐❻気を付けの姿勢では，つま先を何度から何度に開くか。 ╎ 45度〜 60度

☐❼気を付けの姿勢から右へ180度回るときの合図は何か。 ╎ 回れ−右

☐❽気を付けの姿勢から右に90度体の方向を変えるときの合図は何か。 ╎ 右向け−右

体つくり運動

☐❾下の図 1 や図 2 のような，体の柔らかさを高めることをねらいとして考案された運動を何というか。 ╎ ストレッチング

☐❿下の図 1 では，胸と股関節のうち，どちらを伸ばしているか。 ╎ 胸

☐⓫下の図 2 では，ももの内側と腰周りのうち，どちらを伸ばしているか。 ╎ 腰周り

ラジオ体操

☐⓬ラジオ体操第一の最初の運動は，全身をゆする運動と伸びの運動のどちらか。 ╎ 伸びの運動

☐⓭ラジオ体操第二の最後の運動は何か。 ╎ 深呼吸

図 1

図 2

実技編 2 章
器械運動・陸上競技・水泳①

ファイナル チェック

器械運動

☐❶ひざを伸ばした姿勢を何というか。　　　　　　　　伸しつ

☐❷腰を曲げてひざを伸ばし，体を「く」の字にした姿勢を　屈身
何というか。

☐❸腕で体を支えた姿勢を何というか。　　　　　　　　支持

☐❹ひざと腰を曲げて胸にひざをかかえ込んだ姿勢を何とい　かかえ込み
うか。

☐❺腰とひざを伸ばしてまっすぐにした姿勢を何というか。　伸身

☐❻マット運動では，マットの耳はどのようにしておくか。　下に折り込む。

☐❼開脚前転では，足は閉じたまま転がるか，開いたまま転　閉じたまま転がる。
がるか。

☐❽踏み越し下りでの鉄棒の握り方を何というか。　　　　片逆手

☐❾懸垂振動での鉄棒の握り方を何というか。　　　　　　順手

☐❿平均台運動では，つま先で台のどこに触れながら足を運　側面
ぶか。

☐⓫頭はね跳びでは，手とどこを跳び箱につけるか。　　　額

☐⓬下の図 1 は何を表しているか。　　　　　　　　　　側方倒立回転

☐⓭下の図 2 は何を表しているか。　　　　　　　　　　頭はね跳び

図 1

図 2

実技編 2 章
器械運動・陸上競技・水泳②

ファイナル チェック

陸上競技

☐❶しゃがんだ姿勢からスタートする，短距離走のスタート｜クラウチングスタート
の仕方を何というか。

☐❷立った姿勢からスタートする，長距離走のスタートの仕｜スタンディングスタート
方を何というか。

☐❸短距離走やリレーなどで，各走者に割り当てられた走路｜レーン
を何というか。

☐❹リレーで前走者から次走者に受け渡されるものは何か。｜バトン

☐❺リレーで，❹の受け渡しをする区域を何というか。｜テークオーバーゾーン

☐❻❺の区域の長さは何mか。｜30m

☐❼ハードル走で，ハードルを越えるときの，踏み切ってか｜ハードリング
ら着地するまでの一連の動作を何というか。

☐❽ハードル走で，ハードルとハードルの間を何というか。｜インターバル

☐❾ハードル走では，ハードルとハードルの間は何歩で走る｜3歩
のが一般的か。

☐❿走り高跳びと走り幅跳びのうち，マットを使用するのは｜走り高跳び
どちらか。

☐⓫走り高跳びでは，バーに近いほうの足と遠いほうの足の｜遠いほうの足
どちらで踏み切るか。

☐⓬下の図1の跳び方を何というか。｜かがみ跳び

☐⓭下の図2の跳び方を何というか。｜はさみ跳び

図1

図2

実技編 2 章
器械運動・陸上競技・水泳③

ファイナル チェック

水泳

☐❶水中で1チーム7人からなる2チームが，相手ゴールに　水球
ボールを投入し合って得点を競う競技を何というか。

☐❷自由形，平泳ぎ，個人メドレー，リレーなど，一定の距　競泳
離を泳ぐ速さを競う競技を何というか。

☐❸水の抵抗が最も少なくなるように，体全体を水平かつ一　ストリームライン
直線に伸ばした姿勢を何というか。

☐❹指先か手が水中に入る局面を何というか。　エントリー

☐❺手でS字を描くように水をかき，足は股関節から動かし　クロール
て左右交互に蹴る泳法を何というか。

☐❻ドルフィンキックは，何という泳法で行う足の動作か。　バタフライ

☐❼背泳ぎの呼吸法では，鼻と口のどちらから息を吐き出す　鼻
か。

☐❽メドレーリレーでは，何人の競技者で1チームを形成す　4人
るか。

☐❾個人メドレーの最初の泳法は何か。　バタフライ

☐❿下の図1は，クロール，平泳ぎ，背泳ぎ，バタフライの　平泳ぎ
うち，どの泳法の足の動作を表しているか。

☐⓫下の図2は，クロール，平泳ぎ，背泳ぎ，バタフライの　バタフライ
うち，どの泳法の手の動作を表しているか。

☐⓬服を着たまま水に落ちたときの対処法として正しいのは，服の中に空気を入れ
服を脱ぐ，服の中に空気を入れる，靴だけを脱ぐ，のうち　る
どれか。

図1

図2
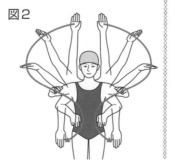

実技編3章
球技①

ファイナル チェック

バスケットボール

☑❶ バスケットボールは，1チーム何人からなる2チームで得点を競い合うスポーツか。 / 5人

☑❷ スリーポイントラインより外側からシュートしたボールがゴールに入った場合，何点得点できるか。 / 3点

☑❸ フリースローでは何点得点できるか。 / 1点

☑❹ ボールを持って3歩以上歩く違反を何というか。 / トラベリング

☑❺ ボールをバウンドさせながら移動することを何というか。 / ドリブル

☑❻ 軸足を中心にして方向転換を行うターンを何というか。 / ピボットターン

☑❼ プレイヤー一人ひとりが決められた相手をマークする防御方法を何というか。 / マンツーマンディフェンス

☑❽ 下の図1の㋐のラインを何というか。 / エンドライン

☑❾ 下の図1の㋑のラインを何というか。 / フリースローライン

☑❿ 下の図1の㋒の区域を何というか。 / 制限区域

☑⓫ 下の図2の技術を何というか。 / ランニングシュート（レイアップ）

図1

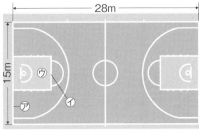

図2

実技編3章
球技②

ファイナル チェック

サッカー

☐❶サッカーは，1チーム何人からなる2チームで得点を競 | 11人
い合うスポーツか。

☐❷ボールをコントロールして足で運ぶことを何というか。 | ドリブル

☐❸足の外側を使って正面や斜め前方に蹴るキックを何とい | アウトサイドキック
うか。

☐❹足の内側を使って蹴る，ボールのコントロールを重視し | インサイドキック
たキックを何というか。

☐❺ボールがタッチラインから出た後，ボールを両手で投げ | スローイン
入れる技術を何というか。

☐❻下の図1のA，Bのうち，タッチラインはどちらか。 | B

☐❼下の図1の⑦を何というか。 | コーナーアーク

☐❽下の図1の④のエリアを何というか。 | ゴールエリア

☐❾下の図1の⑨のエリアを何というか。 | ペナルティエリア

☐❿下の図2の技術を何というか。 | インステップキック

図1

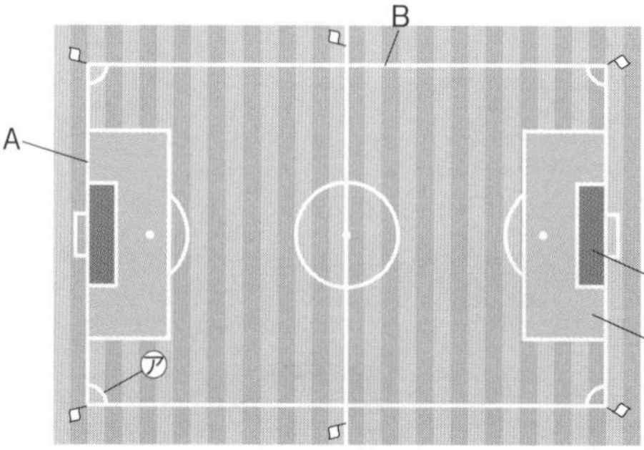

図2

保健体育　1～3年

実技編 3 章
球技③

ファイナル チェック

ハンドボール

☐❶ハンドボールは，交代プレイヤーを除いて 1 チーム何人からなる 2 チームが得点を競い合うスポーツか。 | 7 人

☐❷ボールを持ったまま歩くことができるのは何歩までか。 | 3 歩

☐❸ボールは何秒まで持つことができるか。 | 3 秒

☐❹ハンドボールの試合で，前後半の開始時や得点後にプレイを始めるためにボールを投げ入れることを何というか。 | スローオフ

☐❺ゴールキーパーだけが入ることができる地域を何というか。 | ゴールエリア

☐❻下の図の㋐を何というか。 | ゴールエリアライン

☐❼下の図の㋑を何というか。 | 7 m ライン

☐❽下の図の㋒を何というか。 | フリースローライン

ソフトボール

☐❾ソフトボールは，1 チーム何人からなる 2 チームが得点を競い合うスポーツか。 | 9 人

☐❿試合では，攻撃側の何人がアウトになると攻守交代となるか。 | 3 人

☐⓫ソフトボールの試合は，球審が何と告げて開始されるか。 | プレイボール

☐⓬ 1 塁手，2 塁手，3 塁手，投手，捕手以外の内野手を答えなさい。 | 遊撃手

☐⓭内野手に対し，左翼手，中堅手，右翼手を何というか。 | 外野手

☐⓮ストライクゾーンの上限は打者のわきの下であるが，下限は打者のどこの上部か。 | ひざ頭

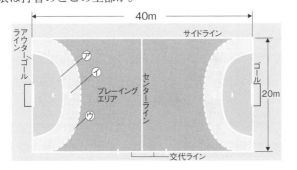

実技編 3 章
球技④

ファイナル チェック

バレーボール

☐❶ トスを上げるプレイヤーを何というか。　　　　　　　　　セッター

☐❷ ジャンプして相手コートにボールを強く打ち返す攻撃方　　スパイク
　　法を何というか。

☐❸ 相手が打ち込んでくるボールをネット上でジャンプして　　ブロック
　　止めることを何というか。

☐❹ ❷のような相手が打ち込んできたボールを受けることを　　レシーブ
　　何というか。

☐❺ サービスゾーンから相手コートにボールを打ち入れるこ　　サービス
　　とを何というか。

☐❻ 下の図1の㋐のラインを何というか。　　　　　　　　　　アタックライン

☐❼ 下の図1の㋑のラインを何というか。　　　　　　　　　　エンドライン

☐❽ 下の図1の㋒のゾーンを何というか。　　　　　　　　　　フロントゾーン

☐❾ 下の図2の技術を何というか。　　　　　　　　　　　　　オーバーハンドパス

図1

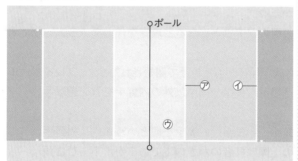

図2

実技編 3 章
球技⑤

ファイナル チェック

卓球

☐❶サービスを返球することを何というか。　レシーブ

☐❷お互いにボールを打ち合っている状態を何というか。　ラリー

☐❸相手コートに向かって力強く打ち込む打球やその打ち方　スマッシュ
を何というか。

☐❹下の図1の⑦のラケットの握り方を何というか。　シェークハンドグリップ

☐❺下の図1の⑦のラケットの握り方を何というか。　ペンホルダーグリップ

ソフトテニス

☐❻ワンバウンドしたボールを打つ打法を何というか。　グラウンドストローク

☐❼下の図2の⑦のラインを何というか。　サービスライン

☐❽下の図2の⑦のラインを何というか。　ベースライン

バドミントン

☐❾バドミントンは，ネット越しに何を打ち合うスポーツか。　シャトル

☐❿ネット際からネットの上部すれすれを越えて相手コート　ヘアピン
に落とすように❾を飛ばす打ち方を何というか。

☐⓫❾をしっかりと遠くまで飛ばすために，手首を固定して　リストスタンド
腕とラケットをV字型に保つことを何というか。

図1

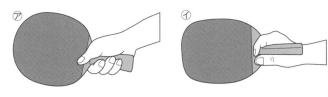

図2

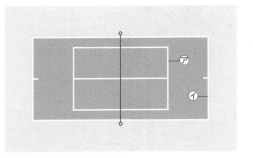

実技編4章
武道・ダンス

ファイナル チェック

柔道

☐❶柔道は，1882年に誰によって創設されたか。　　嘉納治五郎

☐❷相手の姿勢を不安定にし，技をかけやすくすることを何というか。　　崩し

☐❸技をかけるために体の向きを変える方法の基本動作を何というか。　　体さばき

☐❹下の図1の受け身を何というか。　　後ろ受け身

剣道

☐❺竹刀を使って打ったり突いたりすることを何というか。　　打突

☐❻向かい合ったときの相手との距離を何というか。　　間合い〔間合〕

☐❼❺の直後も油断せず，相手の攻撃に応じられる心構えを何というか。　　残心

相撲

☐❽下の図2の姿勢を何というか。　　そんきょ

☐❾競技者が土俵に上がり，取り組みの前に❽の姿勢で行う礼法を何というか。　　ちりちょうず

ダンス

☐❿2人以上の創作ダンスで，同じ動きを全員で同時に行うことを何というか。　　ユニゾン

☐⓫フォークダンスで，下の図3の組み方を何というか。　　バルソビアナポジション

図1

図2

図3